죽음이란 무엇인지
생각해 볼 때가 되었다

Original Japanese title: DAREMO OSHIETE KURENAKATTA "SHI"NO TETSUGAKU NYUMON
Copyright © Rieko Naito 2019
Original Japanese edition published by Nippon Jitsugyo Publishing Co., Ltd
.Korean translation rights arranged with Nippon Jitsugyo Publishing Co., Ltd
.through The English Agency (Japan) Ltd. and Danny Hong Agency

이 책의 한국어판 저작권은 대니홍 에이전시를 통한 저작권사와의 독점 계약으로 이사빛에 있습니다. 저작권법에 의해 한국 내에서 보호를 받는 저작물이므로 무단전재와 복제를 금합니다.

죽음이란 무엇인지 생각해 볼 때가 되었다

초판 1쇄 인쇄 2025년 11월 3일
초판 1쇄 발행 2025년 11월 10일

지은이 나이토 리에코(内藤理恵子)
옮긴이 오정화
펴낸이 김요셉
책임편집 김요셉
디자인 보통스튜디오
펴낸곳 이사빛
등록 제2020-000120호
주소 서울특별시 서대문구 간호대로 11-31 102호
대표 전화 070-4578-8716
팩스 02-6342-7011
ISBN 979-11-986029-5-4 (03100)
내용 및 집필 문의 2sabit@naver.com

※책값은 뒤표지에 표시되어 있습니다.
※파본이나 잘못된 책은 구입하신 곳에서 바꿔드립니다.

죽음이란
무엇인지
생각해 볼 때가
되었다

나이토 리에코 지음
오정화 옮김

아무도 알려주지 않은
죽음에 관한 철학

이사빛

시작하며

바야흐로 유례없는 다사 사회多死社會가 되었습니다. 다사 사회란 노인의 증가로 사망자 수가 급격히 늘어나 인구가 점차 감소하는 사회 형태를 말합니다. 초고령 사회의 필연이기는 하지만, 죽음은 가까이에 있는 것 같으며 병원에서 인생의 마지막을 맞이하는 경우도 많고, 가까운 사람의 죽음도 어색하고 먼 일이 되어가고 있습니다. 사람은, 가족을 포함한 다른 사람의 병이나 여러 가지 원인에 의한 죽음을 접하며 언젠가 자신에게도 죽음이 찾아오리라 강하게 의식합니다. 하지만 '죽음'이라는 것이 많은 사람에게 '관념'으로만 머무르고 있기에 당연히 '죽음' 자체는 체험할 수는 없으니까요, 자신의 죽음에 대해 사색하는 연습도 하지 못하고 그 기반도 갖고 있지 않다고 말할 수 있습니다.

그래서 새삼스레 죽음에 대해 생각하기 시작하면, 당혹감과 불안, 공포를 느끼며 그제야 죽음에 대한 배움이 이루어지지 않았다는 것을 실감하게 됩니다. 지금 필요한 것은 '죽음'에 대한 '철학'적 사고입니다.

그렇다면 왜 철학일까요? 철학은 근본원리 혹은 원리의 근사치를 그릴 수 있는 유일한 학문이지만, 우리 사회에서 철학은 교육 현장에서조차 그리 거론되지 않습니다. 기껏해야 중고등학교 윤리 사회 수업 정도가 아닐까요? 아니면 대학 교양 과정으로 강의를 듣거나, 몇 안 되는 철학과가 있는 대학에 진학하거나, 독학으로 철학서를 읽는 정도일 것입니다. 철학적 사고의 기초를 다지지 못한 채 다른 사람에게 의존하여 불안이나 괴로움을 해소하려 하고, 그 욕구가 충족되지 않는다며 한탄하는 것이 현대 사회에서 '죽음'에 관한 사상이 머무르는 현주소라고 생각합니다. 게다가 우리 사회의 비정상적으로 높은 자살률, 특히 세계적으로 이상하리만큼 높은 젊은 세대의 자살률은 철학 교육의 부재와 어떠한 관계가 있다는 생각도 듭니다.

우연인지 최근에 젊은 나이에 스스로 생을 마감한 분의 유가족을 잇달아 만나게 되었습니다. 그들 중 많은 사람이 혼란스러움을 끌어안은 채 살아가고 있었기에 저는 저 나름대로 무언가 할 수 있는 일은 없을지 고민했습니다. 그러다가 젊은 세대를 포함한 많은 사람에게 철학이라는 방법을 알려준다면 이러한 사태가 반복되는 것을 조금은 줄일 수 있지 않을까 하는 생각까지 이르게 된 것입니다. 학교든 가정이든, 지금까지 죽음에 관해 어떻게 생각해야 하는지를 가르쳐주는 기회가 거의 없었던 것이 아닐까요.

저는 대학에서 철학을, 대학원에서는 종교학을 전공하고 장송葬送, 죽은 이를 장사 지내어 보냄 문화를 연구했는데, 조사하면 할수록 종교 의례로는 해결할 수 없는 어떤 문제가 신경 쓰이기 시작했습니다. 그 문제는 사람들이 인터넷에서 대량으로 정보를 얻게 되면서 한층 더 급속히 팽창한 것 같기도 합니다. 그 문제란, 죽음을 종교 의례에 맡겨버리고 죽음에 대한 사색을 제외한 문화는 조만간 한계에 부딪힐 것 같다는 점입니다. 간단히 말해서 우리는 인간의 죽음에 대해 생각하는 '자그마한 연결고리'를 잃은 것이 아니냐는 의미지요. 그것도 이 책을 집필하게 된 큰 계기가 되었습니다.

베스트셀러가 된 셸리 케이건Shelly Kagan의 저서 《죽음이란 무엇인가DEATH》는 죽음에 대해 심리학적·사회학적으로 접근하며 저자의 사생관을 중심으로 죽음을 고찰하는 내용으로, 생각할 부분이 많은 좋은 책입니다. 이 책에서도 사람들이 죽음에 관해 생각할 수 있도록 힌트를 제공하는 데에 목적이 있다고 생각합니다.

《죽음이란 무엇인지 생각해 볼 때가 되었다》에서는 최대한 철학자들의 힘을 빌리고, 또 최신 서브컬처의 창의성과 상상력도 참조하면서 '죽음'에 관해 고민하고자 한 선인들에게 배우고자 하였습니다. 성경이나 경전 등에서도 단서를 찾고, 일부 과학자의 지견도 채용하였습니다. 이 책은 필자의 사생관을 보여주려는 책이 아니며, 독자 여러분 한 사람 한 사람이 각자 '죽음에 대하여' 생각할 때 '힌트'가 될 수 있도록 철학자들의 말을 수집하고 정리한 책입니다. 이해의 단서가 될 만한 일러스트도 직접 그려 가득 담았습니다.

물론 가끔은 필자만의 독자적인 해석이 들어가기도 하고 최종적으로는 저자의 경험에 뿌리를 둔 것을 '답'으로 제시하고 있지만, 굳이 따지자면 그것은 부차적인 것이며 기본적으로 선인들의 '죽음에 대한 백과사전'을 목표로 했습니다.

또한 이 책은 종교나 신앙을 부정하지 않으며 현대 사회에서 철학과 신앙을 어떻게 연결할 수 있을지에 대한 도전을 담고 있습니다. 종교가 없는 사람도 다양한 사고방식을 이해하는 기회라고 여겨주시면 감사하겠습니다.

목차를 보면 아시겠지만, 이 책에 등장하는 '철학자'는 일반 철학자와는 다른 선인들로 구성되어 있습니다. 바로 종교인 석가모니, 예수 그리스도, 과학자 칼 세이건, 만화가 데즈카 오사무 등 입니다. 이 책에서는 '죽음'에 대해 깊이 고민한 철학자, 종교인, 과학자, 표현자, 예술가들을 총칭하여 '철학자' 혹은 '철인', '선철' 라고 칭하고 있습니다.

이렇게 인물을 선정한 이유는 현대인에게 중요하고 흥미로운 철학자를 다루기 위해서입니다. 실존주의의 시조 키르케고르, 변증법의 헤겔, '영원 회귀'와 '신은 죽었다'를 말한 니체, 삶에 비관적인 쇼펜하우어, '철학은 죽음을 배우는 수업'이라고 말했던 소크라테스와 그의 제자 플라톤, 현대의 사생관을 새롭게 한 하이데거, 현상학의 창시자 후설, 철학을 종결시킨 천재 비트겐슈타인, 죽음에 새로운 빛을 비춘 실존주의자 사르트르, 나아가 그리스도, 석가모니 등의 종교인, 현대 과학자 로저 펜로즈, 오래되고 새로운 경탄의 중세 철학자 조르다노 브루노.

여러분이 크게 공감 가는 부분도 있고 아닌 부분도 있겠지만, 뭔가 '신경 쓰이고 마음에 남는' 느낌이 든다면《죽음이란 무엇인지 생각해 볼 때가 되었다》는 그 역할을 다한 것이라고 생각합니다. 그리고 이 책이 조금이라도 죽음의 불안과 마주하고, 살아가는 것에 대해 생각하기 위한 힘이 되기를 바랍니다. 마지막으로 책이 나오기까지 지원해준 니혼지쓰교 출판사 편집부의 마쓰모토 씨에게 감사의 말씀을 드립니다.

2019년 7월 11일

나이토 에리카 內藤 理惠子

목차

시작하며 4

제1장

'죽음도, 철학도, 신의 뜻대로' 키르케고르
VS
'절대 정신 묵시록' 헤겔

19

실연으로 시작해 신앙으로 끝나는 키르케고르의 인생 | 성경 〈나사로의 부활〉을 통해 본 키르케고르 입문 | '죽어도 죽지 않는다'라는 사생관 | 키르케고르 사생관과 니체 사생관의 차이 | 키르케고르와 니체를 영화감독에 비유하자면 | 키르케고르의 동기부여는 어디에서 왔는가? | 모순을 휘발유로 삼는 자동차 '헤겔 변증법' | 《도라에몽》으로 이해하는 헤겔 변증법 | '스트리트 파이터 Ⅱ'로 지양을 이해하다 | 죽음을 변증법에 녹여내는 위화감 | 뮤직비디오로 이해하는 헤겔의 사생관 | 질적인 변증법과 양적인 변증법 | 키르케고르의 '절망'에 관한 분류 | '절망'은 무엇을 가리키는가? | 완전히 죽는다 - 키르케고르 말년의 사생관 | <신세기 에반게리온>으로 읽는 《죽음에 이르는 병》의 '절망'

제2장

'영원 회귀하여 죽지 않는다' 니체
VS
'무의미한 삶을 끝내는 죽음' 쇼펜하우어

니체의 사생관 '영원 회귀'란 무엇인가? | 영상 작품으로 이해하는 영원 회귀 | 그리스도교의 시간 축과 니체 | 《차라투스트라는 이렇게 말했다》와 《성경》을 비교하다 | '천국'과 '르상티망'의 관계 | 니체의 '신은 죽었다'의 의미 | '신은 죽었다'는 어떻게 쓰여 있는가? | '니체 유행'이 자주 일어나는 신기한 이유 | 영원 회귀를 다시 사는 초인 | 니체에게 지대한 영향을 끼친 쇼펜하우어 | 쇼펜하우어와 현대의 수첩 열풍 | 죽음에 대한 쇼펜하우어의 말

제3장

'이데아론이라는 이상 세계에 임한' 플라톤
VS
'죽음 준비 활동의 원조' 소크라테스

99

서양 철학의 시작, 플라톤의 '이데아' | 영화 <인스턴트 늪>의 완벽하게 구부러진 못 | 이데아를 그린 베스트셀러 《소피의 세계》 | 독배를 단숨에 들이켠 소크라테스의 사생관 | '지혜로운 신의 세계'로 가는 법 - 죽음을 배우는 수업 | 소크라테스의 최후

제4장

'엄밀한 현상학의 스승' 후설
VS
'서양 철학을 새롭게 한' 하이데거

121

하이데거 입문은 후설부터 | 캐리커처 그리기의 '간관주성'이란? | 캐리커처 화가에게 날아든 영정 의뢰 | '죽어보는' 것은 불가능하다 | 하이데거의 특수한 인간관=현존재 | 현대에 '죽음'을 묻는 하이데거 철학 | '세계 속에서 살아가고 있다 세계 내 존재'란? | 죽음을 삶에 녹여내는 '선구적 결의성'이란? | 하이데거와 자기 계발의 관계

제5장

하이데거가 그르친 '죽음의 불안'을 철학한 야스퍼스

153

하이데거가 남긴 찝찝함 | 야스퍼스의 하이데거 비판 | 신앙을 가진 리얼리스트, 야스퍼스의 사생관 | 가장 가까운 사람의 죽음에 대하여 | '나'의 죽음 | 죽은 후 가는 곳이 '무 無'라면? | 신의 진료기록 차트 – 신의 존재 증명은 철학을 통해 | 어떻게 신을 이해할까? – 야스퍼스의 '암호' | 암호로 발현되는 신과 융 | 야스퍼스는 사후 세계를 어떻게 그렸을까? | 내기할 것인가, 내기하지 않을 것인가? 파스칼의 내기 | 오늘날에는 야스퍼스를 어떻게 해석할 수 있을까? | 오늘날 야스퍼스는 어떻게 활용되는가?

제6장

'무시간 세계를 살아간' 비트겐슈타인
vs
'혁신적인 사생관을 제시하며 장렬한 죽음을 맞이한'
사르트르

철학의 파묘꾼, 비트겐슈타인의 사생관 | '시간 따위는 없다' - 비트겐슈타인의 시간 관념 | 개성이 너무 강한 철학자 | 마치 우주인의 사상 | 내 방에는 코뿔소가 있다? | 말할 수 없는 것에 대해서는 침묵하라 | 죽음에 대한 불안과 공포 - 장켈레비치 | 비트겐슈타인을 뛰어넘는 사르트르 | 불안이 실존주의로 회귀하게 만든다 | 죽음은 허무하다 - 사르트르의 사생관 | <탐정 이야기> 마지막 회의 죽음과 사르트르의 사생관 | 자기 사상의 허무를 견디지 못한 사르트르 | 사르트르의 비참한 죽음 | 인간은 책상처럼 정의할 수 없는 존재 | 비트겐슈타인과 사르트르에게서 무엇을 배워야 할까? | 침묵을 지켜야 한다?

제7장

'죽음에서 되살아난' 그리스도
VS
'지금도 살아있는' 구카이,
그리고 '영성을 발견한' 스즈키 다이세쓰

235

그리스도를 철학적으로 어떻게 생각해야 할까? | <나사로의 부활>을 통해 이해하는 그리스도 | 구카이는 지금도 살아있다? | 젠로쿠엔에서 구카이를 만나다!? | 오해를 사기 쉬운 구카이의 사생관 | 가쿠반이 연결한 정토사상과 구카이의 사상 | 가쿠반 사생관의 참신함 | 정토진종에서 일본적 영성을 발견한 스즈키 다이세쓰 | '석가모니는 죽음에 대해 어떻게 말했을까?'라는 의문

제8장

석가모니는 죽음에 대하여 무엇을 말하였을까?
VS
데즈카 오사무는 석가모니의 죽음을 어떻게 그리고 있을까?

석가모니는 어떻게 세상을 떠났는가? | '어디까지나 만화지만……'이라며 사전 예고한 데즈카의 석가모니 | 데즈카 오사무는 석가모니의 죽음을 어떻게 그렸는가? | 석가모니는 죽음에 대해 무엇을 말하고 있었는가? | 불경을 각색한 데즈카 오사무 | 유작 《네오 파우스트》와 사생관 | 반복해서 그린 원환 모양 영원 회귀 | 데즈카 오사무는 파우스트였다? | 영화 <샤이닝>의 영원 회귀 | 《블랙 잭》의 사생관

제9장

겐신의 <왕생요집>
VS
기독교적 타계관, 단테의 《신곡》

303

뮤지컬 형식의 <염리예토> | 극락조차 수행의 장 - 흔구정토 | 《왕생요집》과 《신곡》을 비교하다 | 연옥이란 무엇인가? | 천국으로 향하는 단테의 여정 | 플라톤도 등장하는 <연옥편> | 연옥을 철학적으로 생각하다 | 연옥의 불과 정토사상의 불 | 현대시나 드라마에서도 인용되는 '불' | '저승 이야기'에는 실존주의가 숨겨져 있다 | 시대를 너무 앞서 태어난, 중세 철학자 브루노

제10장

'동시에 우주관과 강하게 결부된 사생관' 중세 철학자 브루노
VS
현대 물리학자 세이건

331

깊이 연결된 우주관과 인간의 사생관 | 과학과 종교와 철학의 만남 - 로저 펜로즈 | 경탄할 만한 선각자 브루노의 연구관 | 죽음의 공포를 극복한 브루노 | 브루노의 우주관은 독창적인가? | 죽음은 존재 방식의 변용 - 쿠자누스 | 천문학에 사생관을 통합한 세이건 | 세이건의 인간관 | 우주가 오래 살기 위해 인간은 죽어야만 하는가?

죽음이란 무엇인지 생각해 볼 때가 되었다

1장

'죽음도, 철학도, 신의 뜻대로'
키르케고르

vs

'절대 정신 묵시록'
헤겔

쇠렌 키르케고르

Søren Kierkegaard, 1813~1855

덴마크의 철학자. 실존주의 철학의 아버지.
'실존주의'란, 그 글자만 보아도 어렵게 느껴지겠지만,
'어떻게 살 것인가'를 생각하는 철학으로 해석할 수 있다.

실연으로 시작해 신앙으로 끝나는
키르케고르의 인생

시작하는 첫걸음으로 제일 먼저 키르케고르에 관해 이야기하려고 합니다.

사생관을 묻는 이 책에서는 키르케고르의 주요 저서가 《죽음에 이르는 병 The Sickness Unto Death》이라는 점에서 그냥 지나칠 수 없는 사상가입니다. 철학사의 큰 전환점에 그가 있습니다. '세계란 무엇인가'라는, 인간이 도저히 감당해낼 수 없는 문제에 마음을 빼앗기기 쉬운 철학이라는 장르에 보통의 생활을 하는 사람들이 공감할 수 있는 '일상물'을 도입한 인물이 바로 키르케고르라고 할 수 있습니다.

철학자 키르케고르는 '실존주의의 시조'라고 불리는데, 이 철학은 뜻밖에도 실연에서 탄생하였습니다.

키르케고르는 24세에 14세였던 레기네 올센Regine Schlegel과 연애하여 1840년에 약혼까지 했지만, 이듬해 약혼 파기를 고합니다. 키르케고르로서는 레기네를 사랑하기 때문에 떠났다고 하지만, 이후 자신을 잊지 말아 달라며 그녀에게 편지로 애원합니다. 또 키르케고르는 여러 개의 필명으로 수많은 저서를 남기는 등 이해하기 어려운 실연의 경위와 이별 후 행동으로도 유명합니다. 사람은 사랑을 하면 다소 행동이 달라지기도 한다지만, 키르케고르는 그 정도를 넘어섰습니다. 분명 스스로도 '왜 이렇게 됐을까?'라고 조금은 생각했겠지요. 그래서 그는 자기 자신에 대한 반성을 포함한 철학을 구축하기 시작합니다. 그것이 결과적으로 '실존철학'의 시작이 되었습니다.

키르케고르는 이렇게 기행이라고 부를 만한 갈등을 일으키는 한편, 자신의 여러 콤플렉스에 대해서도 고민했습니다. 약혼은 파기했어도 레기네에 대한 애정이 사라진 것은 아니었기에 공연히 콤플렉스만 더 키우게 되었습니다. 그 후 그의 인생은 언론에 공격을 받는 등 점점 복잡해져 갑니다.

또한 그는 한때 방탕하게 생활하기도 했습니다. 키르케고르는 오늘날 소위 말하는 '파티 피플party people'처럼 생활하던 시절을 거친 후에야 마음을 바로잡았는데, 자신에게서 사랑하는 사람과 서로 아끼고 마음을 나누는 가치를 찾지 못해 약혼 파기에 이르게 된 것이지요. 이렇게 고독한 삶을 택한 그의 행동은 그리스도교 윤리관과도 관련이 깊다고 할 수 있습니다.

그리스도교의 시계열은 직선적입니다. 한 번의 좌절로 인한 불안을 지우기 어렵다고 생각한 그는 한평생을 그 불안과 고뇌와 마주하게 되었습니다. 그런 복잡한 내면의 갈등을 끌어안고 있었던 키르케고르는 '절망'이라는 관념에 이르러 자신이 느끼는 복잡한 '절망'을 저서 《죽음에 이르는 병》에 분류하게 됩니다. 그리고 이는 최종적으로 단순한 사생관으로

키르케고르의 영원한 연인, 레기네 올센

승화되었는데, 그가 도달한 경지를 한마디로 표현하자면 '그리스도교를 믿자'였습니다.

성경 〈나사로의 부활〉을 통해 본 키르케고르 입문

키르케고르의 실존철학은 그리스도교에 대한 믿음에서 출발하기 때문에, 그 사상을 이해하기 위해서는 주요 저서와 함께 성경을 읽을 필요가 있습니다. 우리가 그의 사상을 난해하게 느끼는 이유는, 성경을 바탕으로 사고하는 서양인과 출발점이 다르기 때문일 것입니다. 우리 사회에서 유행하기 쉬운 니체와 달리 키르케고르의 유행 바람이 불지 않는 것은 그러한 이유 때문이 아닐까요. 키르케고르는 그 성격 측면에서도 그렇고, 뒤에서 설명할 세세한 부분까지 주목하고 파고드는 듯한 '절망에 대한 분석'을 보아도 뭔가 독특한 철학자인데, 일반적이지 않다는 점이 참으로 안타깝습니다.

제가 키르케고르의 사상을 가깝게 느낄 수 있었던 이유는 중학교부터 대학원까지 미션스쿨을 다녔기 때문일 것입니다. 저는 크리스천 가정에서 태어나지 않았으니, 우연한 인연으로 학교에서 그리스도교 사상을 접하게 된 것이죠. 그러나 성경의 모든 것을 알아야만 키르케고르의 사상을 이해할 수 있다는 이야기는 아닙니다. 우선은 신약성서의 〈나사로의 부활〉 그리고 〈예수 그리스도의 부활〉, 〈요한계시록〉의 요점을 파악하면 시작할 수 있습니다성경 속 에피소드에 대해서는 [제7장]에서도 다루고 있습니다.

먼저 신약성서 《요한복음》 11장 〈나사로의 부활〉 에피소드를 읽어봅시다. 이것은 베타니 마을에 사는 나사로라는 남자가 죽은 이야기에서 시작합니다.

나사로는 그리스도의 지인이었던 자매의 형제입니다. 그 나사로가 세상을 떠나고 동굴 무덤에 묻힌 지 나흘 후, 그리스도가 나사로의 집을 찾아갑니다. 그리고 그리스도는 나사로의 자매에게 '당신의 형제는 부활한다'라고 전합니다. 그 말을 들은 자매는 '세상의 마지막 날에 부활할 것'이라는 의미로 착각합니다. 그러나 그리스도가 동굴 무덤 앞으로 가 입구의 돌을 치워내자, 살아난 나사로가 무덤 안에서 천으로 감은 모습 그대로 아무렇지 않게 나옵니다. 이 사건으로 그리스도교를 믿는 사람이 늘어났다는 강렬한 에피소드입니다. 분명 죽었던 사람이 살아났으니, 그 현장을 지켜본 사람들은 엄청난 충격을 받고 그리스도를 믿을 수밖에 없게 되는 것이지요.

키르케고르는 《죽음에 이르는 병》의 서론에서 이 나사로의 에피소드를 인용하고 있습니다.

> 이리하여 나사로는 죽었으나 이 병은 죽음에 이르지 않았던 것이다.
>
> 《죽음에 이르는 병》

> 그리스도교는 그리스도인에게 모든 지상적인 것과 현세적인 것뿐만 아니라 죽음에 대해서조차 초연하게 생각하라고 가르쳐 왔다.
>
> 《죽음에 이르는 병》

다시 말해 그리스도교 신자에게 육체적인 죽음은 일시적인 변화로 여겨지며, 부활은 약속된 것입니다그 증거로 나사로의 부활이 있습니다. 이를 다르게 말하면 그리스도의 가르침에 어긋나면 그 은혜를 받을 수 없다고도 해석할 수 있습니다. 그래서 그리스도교 신자에게 두려움이란, 육체적 죽음이나 질병이 아니라 그리스도의 가르침을 배반하는 '절망'인 것입니다.

그리스도의 말씀이 아닌, 요한이 본 비전을 바탕으로 쓰인 성경의 〈요한계시록〉에는 최종적으로 심판의 날이 오고 그리스도를 믿는 자는 모두 살아난다고 되어 있습니다. 이를 영화의 본편에 비유한다면, 영화를 꼭 보고 싶다고 생각하게 만드는 예고편도 필요하지 않을까요? 그것이 바로 〈나사로의 부활〉인 것입니다. 이 내용은 그리스도교 신자가 아니면 좀처럼 이해하기 어렵겠지만, '실존주의는 그리스도교로부터 출발했다'정도로 이해해 두면 충분합니다.

'죽어도 죽지 않는다'라는 사생관

나사로를 부활시킨 그리스도는 그 직후부터 폭발적으로 신자들을 모으는데, 지나치게 눈에 띄는 존재가 되는 바람에 결국 처형을 당하고 맙니다. 죽은 사람을 부활시키는 자가 출현했다면, 그것은 정치가보다, 다른 어떤 종교의 가르침보다 더 강력한 구심력이 될 것입니다. 그런 기적적인 힘을 지닌 사람의 존재는 위정자에게 경계해야 할 위협이 됩니다. 그리스도는 실제로 기적을 보여주며 '죽음을 넘어서다', '죽어도 죽지 않는다'라는 힘 사생관을 제시했기에 죽음을 두려워하는 인류의 희망이 되었습니다.

하지만 이 '죽어도 죽지 않는다'라는 감각은 대부분의 사람이 이해하기 어려운 감각이 아닐까요? '죽어도 부활한다'라는 이야기가 굉장히 묘하게 들릴지도 모르며, '육체 자체가 되살아나는 것일까?'라는 의문을 품지 않을 수 없는 것입니다.

성경에서는 이것을 '영의 몸으로 부활한다'라고 표현하고 있습니다.

이에 대해서도 다양한 해석이 있겠지요. 성경에서 구체적인 힌트를 찾아 우리가 한번 상상해 보도록 합시다. 예를 들어 십자가에 못 박힌 그리스도는 사흘 후에 무덤에서 부활하여 제자들 앞에 모습을 드러냈다고 되어 있습니다. 이때 '문이 닫혀 있었는데, 그리스도가 갑자기 집 한가운데 서 계셨다'라는 에피소드를 통해 '영의 몸'이라는 것을 상상해 봅시다. 여기에서 보면 아무래도 유령의 이미지와는 상당히 다른 생기가 넘치는 것처럼 느껴지지 않나요?

이 부분에 대한 구체적인 논의는 전적으로 신앙의 영역이며, 부활의 몸에 관한 해석도 다양하게 존재하므로 종교인이나 그리스도교 신자가 믿는 것 중에 답이 있다고 생각할 수도 있습니다. 저 역시 미션스쿨은 다녔으나 세례를 받지 않았으니, 그리스도교 신자들이 보기에는 그저 밖에서 왁자지껄 수다를 떨고 있는 것에 불과하겠지요. 그리스도가 어떤 몸으로 부활했는지, 신자가 먼 미래에 어떤 모습으로 부활할지, 저를 포함한 외부인에게는 가볍게 말할 수 없는 영역의 이야기입니다.

키르케고르 사생관과
니체 사생관의 차이

키르케고르는 근본적으로 진중하고 성실한 성격이었던 듯합니다. 타락했던 '파티 피플' 시절에 대한 부끄러움에 더해 자신의 성장 과정아버지의 여성 관계 등에서도 빚을 졌다고 느꼈던 것 같습니다. 그리스도교 신앙에 눈뜨고 나서는 아버지나 자신의 과거 잘못을 뉘우치며 신앙의 길을 통해 성취할 수 없는 문제, 즉 '절망'을 실존 철학으로 전개시켰습니다.

대부분의 인간은 과거의 일을 신경 쓰지 않고, 자신을 정당화하거나 얼버무리면서 주변 사람들과 똑같이 작은 행복을 누리며 눈을 감지만, 키르케고르는 그러지 않았습니다. 내면은 섬세하고 무구한 청년이어서 그런지, 과거 자신의 행동을 반성하며 새하얗게 질렸던 것이겠지요. 형제의 이른 죽음도 그의 불안을 증폭시켰습니다. 키르케고르는 그런 심경인 상태로 하늘의 부름을 받게 됩니다.

니체에게도 똑같이 타락한 생활에 몸을 맡긴 경험이 있었습니다. 좋아하는 여성을 줄곧 짝사랑했다는 점에서도 키르케고르와 비슷한 길을 걸었지요. 그러나 니체는 그리스도의 가르침에 따라 자신의 마음을 바꾸려고 하지 않고, 반대로 자신의 행동규범과 윤리를 바탕으로 한 '반反그리스도'의 이야기를 써 내려갔습니다. 반성을 통해 매듭을 지으려고 했던 키르케고르와 세상을 바꾸려고 했던 니체. 어쨌든 그들의 사상이 실연을 계기로 탄생하였다는 점은 매우 흥미로운 사실입니다.

니체는 그리스도교적인 '직선적 이야기'와는 정반대의 이야기를 창조하고자 둥글게 생긴 고리 모양의 '새로운 신화=영원 회귀'를 만들어냈습니다. 자세한 내용은 [제2장]에서 살펴보겠지만, 우선 키르케고르와 니체의 사생관을 그림으로 비교해 봅시다.

키르케고르는 그리스도교적 시계열의 직선 위에서 어떻게 살아야 할지 시종일관 몸부림쳤습니다. 반면 니체는 그리스도교 윤리의 직선 구조를 구부려, 출발점과 도착점을 연결해 버렸습니다. '영원 회귀'는 실제로 존재하는가, 존재하지 않는가의 문제에 시선을 빼앗겨버리기 쉽지만, 우선 이해하기 쉬운 반그리스도의 세계를 만들었다고 생각해 봅시다. 그리스도교에 맞추어 자기 삶의 방식을 바꾸어 나가는 키르케고르에 비해, 자신의 가치관에 맞게 세계를 바꾸려고 한 니체의 강제성이 새삼 놀랍습니다.

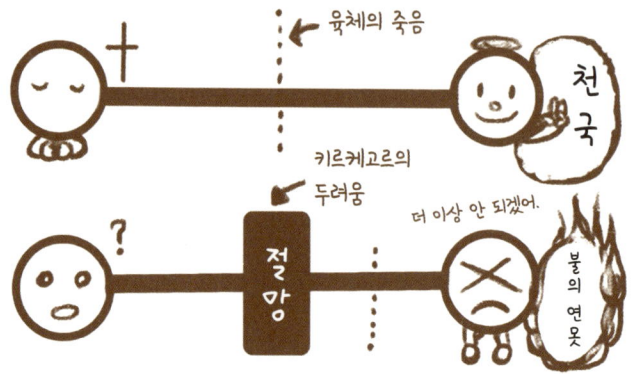

키르케고르의 사생관

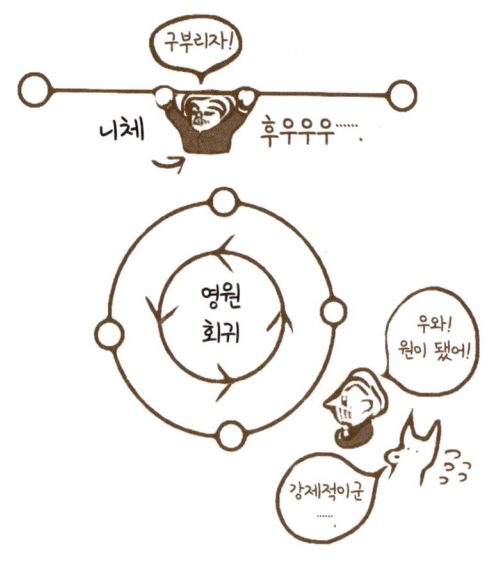

니체의 사생관

키르케고르와 니체를
영화감독에 비유하자면

여기에서 키르케고르의 주요 저서 《죽음에 이르는 병》을 읽어봅시다.

> 모든 그리스도교에 관한 서술은 병상에 임하는 의사의 말투와 비슷해야 한다. 비록 의학에 정통한 사람만이 그 이야기를 제대로 이해한다고 하더라도, 병상에 임하고 있다는 것은 결코 잊어서는 안 된다.
>
> 《죽음에 이르는 병》

이것은 키르케고르의 현장주의 선언이라고 생각합니다. '사건은 현장에서 일어난다!'라고 고뇌했던 키르케고르만의 감각이지요. 키르케고르 이전 시대에 철학의 물음은 '세계의 근원은 무엇인가', '세계의 본질은 무엇인가', '국가란 무엇인가', '신이란 무엇인가' 등 장대한 어드벤처 영화와 같았습니다. 그러한 철학과 철학자에 비하면 키르케고르는 젊은이들이 삶의 방식을 찾아 여행을 떠나는 로드 무비를 찍는 영화감독과 같은 존재입니다.

다만 이 설정은 그리스도교 색채로 물들어 있고, 감독 키르케고르 위에 총감독 그리스도가 군림하고 있습니다. 그 지휘 아래에서만 영화를 촬영할 수 있다고 생각하면 조금 이해하기가 쉽지 않은가요?

그에 비해 니체 감독은, 그리스도교의 전제를 무너뜨린 후 세계관 자체를 독자적으로 구축하기 위해 주인공을 떠나게 합니다. 그런 측면에서 애드리브와 사건·사고가 가득한 어드벤처 작품에 비유할 수 있습니다.

키르케고르의 동기부여는 어디에서 왔는가?

키르케고르는 자신만의 삶의 방식을 모색했지만, 사실 그와 동시에 '헤겔에 대한 반발'이라는 동기부여도 존재했습니다. 저서 《죽음에 이르는 병》에는 헤겔에 대한 비아냥이 반복되고 있습니다. 그렇다면 지금부터 헤겔의 사상을 확인해 보도록 합시다.

키르케고르가 그리스도교의 영향과 함께 헤겔에 대항하여 실존주의를 확립하였다면, 이번에는 성경뿐만 아니라 철학 역사상 굉장히 난해하다고 알려진 헤겔의 사상까지 고려해야 진도를 나갈 수 있겠지요? 큰일이라는 생각도 들고 점점 성가시게 느껴질지도 모르지만, 헤겔을 경유하는 것은 돌아가는 길처럼 보여도 실제로는 키르케고르를 이해하는 지름길입니다. 지금부터는 거리낄 것 없이 불필요한 정보를 과감하게 정리하면서 최대한 이해하기 쉽게 헤겔에 관해 설명하겠습니다.

헤겔
1770~1831

독일 관념론을 대표하는 철학자.
그의 죽음 이후 헤겔학파가 분열되면서,
19~20세기 현대철학의 주요 동향이 생겨났다.

모순을 휘발유로 삼는
자동차 '헤겔 변증법'

키르케고르가 비판한 헤겔 철학의 대명사인 '변증법'이라는 사고 방법은 도대체 무엇일까요? 그것이 사생관과 어떤 관계가 있는 것일까요? 그런 생각이 들지도 모르겠지만, 일단은 잘 들어보시기를 바랍니다.

고대 그리스에서 변증법이란 대화 등을 통해 '이데아'에 도달하기 위한 문답법을 가리키는데, 헤겔의 변증법에서는 도달 지점이 '이데아'가 아닌 '절대정신'이 됩니다. 이 '절대정신'이라는 명칭이 아무래도 이해하기가 어려울 텐데, '신'과거의 같은 의미라고 생각하는 편이 이야기가 빠를지도 모르겠네요.

'신'이라고 하면 굉장히 많은 종류의 다양한 신을 떠올리는 사람이 많을 테지만, 여기에서는 절대적인 유일신을 떠올려 보기를 바랍니다.

헤겔은 모든 모순을 해소해 나가면 절대정신유일신에 도달할 수 있다고 생각했습니다. 동시에 반대편에서 보면, 모든 모순과 그 해소도, 사실은 압도적 존재인 절대정신유일신이 자기를 전개시키고 있다고 생각한 것입니다.

그렇게 되면 이 세계의 모든 사건은 신의 표현이 되므로, 헤겔은 이 세계의 모든 모순을 긍정적플러스으로 파악했습니다. 우리에게 모순은 인간관계의 사소한 갈등으로 인한 스트레스부터 대규모 전쟁까지 다양한 사건·사고의 부정적마이너스인 요인으로밖에 보이지 않지만, 헤겔은 이것을 이른바 고급 휘발유와 같다고 생각했습니다. 모순된 상태를 해소하기 위한 대립의 결과로 만들어진 '무언가상태'가, 대립하기 이전 단계보다 '상위더 나은' 상태라고 생각한 것이지요. 이러한 대립을 토너먼트 경기처럼 승승장구해 나가면 세계의 원리절대정신=신에 도달한다는 논리입니다.

이러한 헤겔의 변증법은 어딘지 모르게 만화적인 문법이 지배하고 있는 것 같습니다. 그래서 다소 억지스럽지만, 과감하게   만화《도라에몽》으로 헤겔의 변증법을 설명해 보겠습니다.

《도라에몽》으로 이해하는 헤겔 변증법

주인공 진구의 뇌 안에 '악마 진구'와 '천사 진구'가 나오는 장면이 있습니다. '숙제를 해볼까?', '그냥 놀러 나가!', '퉁퉁이는 무섭고, 어차피 이기지도 못해', '아냐, 한번 맞붙어 보고 싶어'라는 모순과 갈등이 진구의 뇌 안을 빈번하게 어지럽히고, 대부분 '악마 진구'가 이기게 되면서 그 '못난이 같은 모습'이 우리의 공감을 불러일으키지요.

왜냐하면 대다수의 마음속에서는 크든 작든 '놀고 싶은 나'와 '목표를 향해 노력하고 싶은 나'가 서로 싸우고 있는데, 그런 자신의 모습이 진구에게서 겹쳐 보일 수 있기 때문입니다. 그렇게 흔들리는 마음을 '도라에몽의 도구'에 의지해 해결해 버린다는 점에서 묘한 카타르시스를 느낄 수 있지 않나요?

진구가 실제로 모순과 갈등을 극복하며 자신의 힘으로 노력하려고 마음먹는 것은 자신이 자립하지 않으면 도라에몽이 미래로 돌아갈 수 없게 된다는 것을 알게 된 이후부터입니다. 그렇게 되기 전까지는 끝없이 '그냥 놀러 나가!'와 '해야 하는데……'의 변증법적인 정신적 갈등에 지고 말아, 약한 자신이 우위에 서곤 했지요.

퉁퉁이를 이기려고 할 때 혹은 숙제를 앞에 두고 있을 때 진구는 일단 자신의 나약한 마음과 싸워야만 합니다. 여기에서 모순이나 갈등이 발생하고, 그것을 해소함으로써 강인한 마음이 생겨나 실제로 퉁퉁이에게 맞서거나 숙제에 몰두하기도 합니다.

극장판 <도라에몽>에서 진구는 더욱 대적하기에 벅찬 상대, 예를 들면 공룡이나 외계인, 지하 세계의 존재, 타임 패트롤 부대와 싸우게 됩니다. 진구는 더 강한 상대와 싸울 때마다 더욱 강해지고, 그러한 여정을 거치며 서서히 성장해 갑니다. 그리고 이런 모든 이야기는 사실 '작가 정신의 자기 전개였습니다'라는 메타적인 전개를 폭로해버리는 듯한 사상이 바로 헤겔의 철학^{변증법}입니다.

헤겔은 우리가 살고 있는 이 세상의 모든 사건 또는 철학, 종교, 예술, 나아가 자연 등을 모두 '창작자^신의 자기 전개'로 보았습니다. 이 대담한 발상에 찬반양론은 있겠지만, 이는 헤겔의 사생관을 이해하기 위한 기반이 됩니다. 그러므로 일단 헤겔은 '그런 식으로 생각하는 거구나'라고 마음속으로 새겨두기를 바랍니다.

'스트리트 파이터 II'로 지양을 이해하다

앞서 언급한 '대립 끝에 만들어진 무언가^{상태}'는 전문용어로 '지양^{止揚, 양기라고도 합니다}'이라고 합니다. 독일어로 '아우프헤벤Aufheben'인 '지양'은 원래 '부정', '높이다', '보존'이라는 의미인데, 헤겔은 이를 철학적 용어로 바꾸어 사용하며 변증법의 원리로 삼았습니다. 이번에는 이 '지양'을 비디오 게임 '스트리트 파이터 II'로 설명해 보도록 하겠습니다.

주인공 류 앞에 목숨을 건 도전자가 나타나 계속해서 싸움을 걸어오는 격투 게임 '스트리트 파이터 II'에서는 주인공이 라이벌 켄을 이기면 켄은 폐기됩니다.

반면 승자 류에게는 'vs 켄'이라는 대전 데이터가 축적됩니다'지양'의 상태. 다시 말해 켄은 단순히 폐기되어 버리는 것이 아니라 패배를 통해 류에 통합되는 것입니다. 이 데이터는 류가 다른 대전을 할 때에도 도움이 됩니다. 라이벌 켄과의 대전은 주인공 류의 지견플레이어의 지식이 되어 그의 강점이 됩니다. 그리고 류는 마지막에 악의 총수 베가와 맞붙게 되는데, 베가를 무너뜨린 류의 정신은 절대적인 것이 됩니다. 그동안의 과거 대전 이력과 그 상대는 모두 류의 승리를 위한 과정수단인 것이지요. 물론 그 후에는 류도 다른 상대에게 폐기될 가능성을 견뎌내야만 합니다.

이렇게 헤겔 변증법을 전설적인 격투 게임에 비유하면 굉장히 공감이 가는데, 현실 세계에 이 지양의 원리를 적용하면 어떤가요? 위화감이 느껴지지는 않나요?

모순을 해소하고, 그것을 보다 높은 차원으로 갱신해 가는 과정에서 폐기된 자패자는 승자의 일부에 포함되어 보존됩니다. 여기에서 승자와 패자 모두 언제나 일대일 승부에 던져져 그 긴장감과 스트레스를 강요당합니다. 이는 시스템으로서는 이해할 수 있지만, 현실 세계는 더욱 정묘하고 복잡할 것입니다. 게다가 상냥함이나 사랑 같은 인간의 감정과 체온이 그다지 느껴지지도 않습니다. 하기야 이렇게 눈 뜨고 코 베일 법한 가혹함이야말로 현실 세계의 리얼함이라고도 할 수 있겠지만, 그것만으로도 정말 괜찮은 것일까요?

그 위화감을 표명하고 깊이 생각한 철학자가 바로 키르케고르였습니다.

만약 키르케고르가 《도라에몽》의 세계를 그린다면, 분명 '있는 그대로'의 진구를 소중히 했을 것입니다. 진구에게 중요한 것은 자신의 나약한 마음속 갈등을 극복하는 것도, 퉁퉁이를 이기는 것도 아닌, 가족이자 친구로서의 도라에몽을 진심으로 사랑하는 것, 그뿐입니다. 그리고 진구는 진구인 채로 도라에몽에게 사랑받고 있습니다. 못난이 진구는 언제나 도라에몽의 가장 소중한 친구다. 이것이 키르케고르의 세계입니다.

그런 한편, 헤겔은 언제나 승자의 편에 섭니다. 누가 더 옳은지를 논의해 봤자 소용없습니다. 저는 헤겔의 세계와 키르케고르의 세계가 모두 병존하고 있는 것이 이 세상이라고 생각합니다.

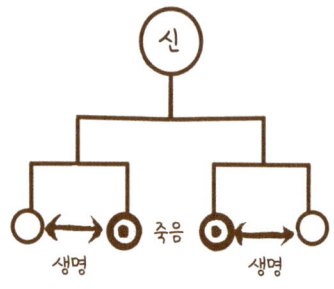

죽음을 변증법에 녹여내는 위화감

헤겔 철학은 역사나 근대사회의 이론으로서는 탁월하지만, 한 명의 인간으로서 살아가는 데에 있어서는 위화감을 느낄 수밖에 없고, 거기에서 어떤 종류의 폭력성이 생생하게 느껴집니다. 그는 저서 《정신현상학Phänomenologie des Geistes》에서 죽음을 다음과 같이 묘사하고 있습니다. 그의 사고에서는 '생명'조차 변증법의 범주에 있는 것입니다.

> 각자는 자신의 생명을 걸듯 다른 사람의 죽음을 겨냥할 수밖에 없다.
>
> 《정신현상학》

죽음을 통해 양자가 자신의 생명을 걸었고 자신과 타인의 생명을 가벼이 여겼다는 확신이 생기기는 했지만, 그렇다고 이 확신은 이 싸움을 견뎌낸 사람들에게만 생긴 것이 아니다. 두 자아의식은 모두 자연적 현존재라는 낯선 본질 속에 놓인 자신의 의식을 폐기한다. 즉 자신을 폐기한다. 그리하여 자기만으로 존재하고자 하는 극단들로서는 폐기되고 만다.

《정신현상학》

이는 다시 말해 승자든 패자든, 사람과 사람이 계속 만나는 한 싸움에서 벗어날 수 없다는 의미입니다. 확실히 이런 유형의 사람은 어느 세계에나 존재합니다. 성공한 기업의 경영자 중에도 '패배하면 죽음뿐'이라는 기세로 기를 쓰고 이

겨낸 사람이 있겠지만, 어떻게 설명해야 할까요, 살짝 구시대적인 냄새가 나기도 하고 승리라면 물불 가리지 않는 난폭함이 느껴지기도 합니다. 헤겔의 사상이 난폭한 논리라고 느껴지는 이유는, 그가 '생명'과 '죽음'을 모두 절대정신신을 정점으로 한 변증법 안에 적용해 버린다는 점에 있다고 생각합니다. 다시 말해 어딘지 모르게 '대전 게임의 요소'를 현실의 '생명'까지 끌어들여 전개한다는 점에서 위화감이 느껴지는 것이지요.

이러한 정신적 토너먼트 경쟁과 사람의 삶과 죽음을 맞붙인 변증법적 세계를 그린 영상 작품이 있어, 그것을 소개해 볼까 합니다.

뮤직비디오로 이해하는 헤겔의 사생관

헤겔의 변증법적인 사생관을 보여주는 영상 작품은, 미국의 록 밴드 린킨 파크Linkin Park가 2017년에 발매한 앨범 <원 모어 라이트One more light>의

수록곡 <굿 굿바이Good Goodbye>의 공식 뮤직비디오Good Goodbye[Official Music Video] - Linkin Parkfeat. Pusha T and Stormzy입니다. 이 곡에는 두 가지 공식 뮤직비디오가 존재하는데, 여기에서는 농구를 소재로 하는 영상을 살펴보겠습니다.

곡이 발표되고 같은 해에 이 뮤직비디오에 출연한 린킨 파크의 보컬리스트, 체스터 베닝턴Chester Bennington이 스스로 목숨을 끊었습니다.

그의 죽음에 관해서는, 트라우마에 시달리고 있었다거나 친구의 죽음이 원인이라는 등 여러 가지 요인이 있는 듯합니다. 그리고 어디까지나 개인적인 의견입니다만, 이 비디오를 보면 그에 더해 또 다른 요인도 있을 것 같다는 생각이 들게 하는 부분도 있습니다. 죽기 직전 제작된 이 뮤직비디오에 담긴 메시지가 체스터의 죽음과 관련이 있는 것처럼 느껴지는 것입니다. 곡명을 검색하여 공식 홈페이지에서 동영상을 감상하면서 다음에 나오는 설명을 읽어보면 좋겠습니다.

뮤직비디오는 보컬리스트 체스터 베닝턴이 격투장에 입장하는 장면부터 시작합니다. 거기에는 멋진 의상을 입은 키

큰 심판이 있고, 격투장에서는 '아크로바틱한 농구 슛'으로 점수 경쟁이 치열하게 벌어지고 있다는 설정입니다. 아마 미국의 쇼 비즈니스 세계를 야유하고 있는 것일 테지요. 현실의 록 밴드 '린킨 파크'와 그 보컬 체스터 베닝턴은 2000년에 메이저 데뷔 직후 큰 인기를 얻게 됩니다. 이후 그들을 따라 하는 여러 밴드가 나왔다가 사라졌는데, 라이벌이 나왔다가 패배하고 이슬로 사라지는 뮤직비디오의 연출은, 그의 회상, 당시의 심상 풍경의 메타포라고도 생각합니다.

경기게임가 시작되면 선공인 체스터는 멋지게 슛을 성공시킵니다. 그 후 등장한 해골 가면을 쓴 상대도 똑같이 슛을 성공시킵니다. 그리고 심판의 판정으로 체스터에게 승리가 주어집니다. 그러면 여기에서 놀랍게도 패자인 상대는 순식간에 불태워져 재가 되어 버립니다.

이어서 2라운드가 시작되고 새로운 도전자가 나타납니다. 그 도전자는 한층 더 아크로바틱한 기술을 발휘하지만, 체스터가 농구 골대로 뛰어오르는 기술로 승리를 거머쥡니다. 두 번째 도전자도 그 자리에서 불타 사라지고, 심판의 등 뒤로는 패자의 시체가 쌓여가는 모습이 보입니다.

3라운드에서는 장애물을 뛰어넘으며 슛을 성공시킨다는

다른 규칙이 채택되고, 이번에도 체스터는 공중제비라는 엄청난 기술로 승리합니다. 도전자는 목이 부러지고 말지요.

체스터는 승리 포즈를 취하지만, 다음 도전자는 귀여운 소녀입니다. 수상쩍게 소녀를 바라보는 체스터. 여기에서 예상치 못한 전개가 펼쳐집니다. 소녀가 물리 법칙을 완전히 무시한 방법으로 슛을 넣어 버린 것입니다. 초능력자라는 설정의 소녀는 공을 든 채 공중에 떠올라 그대로 공중을 걸어 슛을 넣습니다. 그 순간, 체스터는 사라지고 심판도 날아가 사라집니다. 심지어 소녀는 농구 골대까지 파괴하고, 마지막에는 게임 자체를 끝냅니다. 이제 이 게임은 이어지지 않습니다. 소녀보다 더 강한 자는 존재하지 않기 때문에 소녀의 존재 자체가 규칙이 됩니다. 헤겔의 '절대정신'이 바로 이 소녀인 것입니다.

절대적 존재의 출현으로 과거는 모두 단순한 복선이 되어 버립니다. 헤겔의 역사관은 바로 그러한 변증법적인 것이며, 국가의 성립 과정이나 국가 간의 전쟁도 변증법적 발전의 최종 형태인 절대정신의 등장으로 완성됩니다. 그리고 그것이 신으로 이어진다는 관점이 가능하게 되었습니다.

이와 같은 확대 해석 헤겔의 '역사관'을 영상에 덧입히는 방법이 가능한 이 작품은, 음악 업계에 대한 통렬한 비판과 체스터의 미학, 자학적 풍자, 짜임새 있는 연출이 훌륭한 걸작입니다. 그리고 철학적 관점에서는 헤겔의 변증법적 사생관이 얼마나 위험한 존재가 될 수 있는지 깨닫게 하는 작품이기도 합니다.

다시 말해 절대 강자 앞에 잿더미로 변해버리는 사람들, 상대의 승리로 사라져 버리는 자신의 인간적 존엄성, 더 큰 존재를 위한 희생으로밖에 인정받지 못하는 자신의 가치, 그리고 이들이 모두 절대적인 신의 무대에서의 촌극에 불과하다면? 아마도 개개인이 살아가고 죽는다는 것의 의미가 엄청나게 축소될 수도 있습니다. 이는 다소 확대 해석에 불과한 해설이었을지도 모르지만, 헤겔 변증법에 대한 대략적인 이해는 가능하지 않을까요?

질적인 변증법과
양적인 변증법

키르케고르는 헤어진 연인 레기네만이 자신을 이해해 주기를 바라며, 그녀를 역사상 인물로 만드는 것을 동기부여로 삼아 집필 활동을 했습니다. 결과적으로 레기네의 이름이 키르케고르의 이름과 함께 철학사에 새겨졌으니, 키르케고르가 나름 '승리'했다고 볼 수 있겠네요.

키르케고르는 헤겔의 변증법을 '양적인 변증법'이라 부르며 자신의 '질적인 변증법'과 구별하였습니다. 그는 100만 명의 팬보다 열성적인 신봉자 한 명에게 사랑받는 편이 더 좋다고 생각했습니다. '질적'이란 그런 의미입니다. 현대 사회처럼 각박한 경쟁사회에서 현실적으로 마음의 버팀목이 되는 것은 헤겔과 같은 거창한 철학보다 키르케고르의 실존주의 철학이 아닐까요?

다시 린킨파크의 체스터 이야기를 하자면, 2010년 무렵부터 일렉트로닉 댄스 음악이 주류가 된 음악 업계에서 그는 고전을 면치 못합니다. 그러나 천국과 지옥이 공존하는 듯한 체스터의 노랫소리는 세상에서 유일무이한 것, 앞으로 그와 같은 재능을 가진 자가 나오리라고는 생각하기 어렵습니다. 만약 그가 키르케고르적인 실존주의자라면 양보다 질로 승부할 수 있지 않았을까요? 그의 노랫소리를 열렬히 찬양하는 사람이 단 한 명이라도 있다면 거기에 생명의 터전을 마련했으면 좋았을 텐데 말입니다.

그로부터 10년, 일렉트로닉 댄스 음악의 유행도 잠잠해지면서 당시 강자라고 여겨졌던 것도 변증법적인 폐기의 쓰라림과 조우하고 있습니다.

세상은 언제나 변화하기 때문에, 그 가운데 항상 양적 변증법의 세계에서 끊임없이 투쟁한다는 것은 쉽지 않은 이야기입니다. 세상의 큰 파도에 잘 올라타는 것은 오히려 드문 일입니다. 그 파도 속에서 어떻게 자신을 지킬지, 얼마나 작은 행복을 양식으로 삼아 살아가는지가 삶의 힘이 되지 않을까요? 그런 의미에서도 현대의 사생관이라는 측면에서 헤겔의 양적 변증법보다 키르케고르의 질적 변증법이 삶의 지침이 될 수 있지 않을까 생각합니다. 매사에 호들갑스러운 헤겔보다 길가의 꽃에서도 보편적인 사랑을 느낄 수 있는 키르케고르의 소박한 개성이 매력으로 여겨지는 시점입니다.

키르케고르의
'절망'에 관한 분류

그리스도교 신자는 신앙이라는 희망만 버리지 않으면 죽은 후 부활하기 때문에 삶과 죽음의 단절은 별로 문제가 되지 않습니다. 이에 위화감을 느끼는 사람은 많겠지만, 그래도 여기에서는 키르케고르의 '사고방식'을 살펴보겠습니다.

키르케고르의 《죽음에 이르는 병》에서 '죽음'이란, 우리가 생각하는 '죽음'과는 뉘앙스가 조금 다릅니다. 그리스도교를 믿으면 육체는 죽어도 영의 몸으로 부활한다고 여기므로, 여기에서는 앞서 말한 것처럼 육체적 죽음이 그렇게까지 문제가 되지는 않습니다.

키르케고르가 두려워한 것은 그리스도 신자로서 자아실현을 할 수 없다는 점이었습니다. 육체적 죽음의 기일까지 자아를 완성하지 못하는 것을 절망으로 간주하고, 그 절망을 분석하여 척도표를 작성하였습니다. 그것이 저서 《죽음에 이르는 병》입니다. 키르케고르의 실존 철학의 재미는 여기에 있습니다. 사람은 절망하면 '아아, 이제 더는 안 되겠어'라고 한탄하며 거기에서 '끝'을 맺기 일쑤지만, 키르케고르의 철학은 여기서부터 시작입니다.

　절망을 다양한 유형으로 분류하고, 마치 '당신의 패션은 이 부분이 잘못되었다!'라는 패션잡지의 특집 기사처럼 온갖 절망에 대해 지적하는 것이 《죽음에 이르는 병》 제1편의 <C. 이 병절망의 모든 형태>입니다. 인생, 연애, 그 무엇도 잘 풀리지 않아 불안에 시달리던 키르케고르는 강박적으로 절망을 분류하지 않으면 살아갈 수 없을 정도로 괴로움을 겪었던 것이겠지요.

　그는 절망의 분류를 크게 '절망이라고 의식하지 않는 패턴'과 '의식하면서도 절망에 빠지는 패턴'으로 나누었습니다. 아마도 키르케고르는, 이 '의식하면서도 절망에 빠지는 패턴'에 자신을 투영하고 있었던 것은 아닐까 생각합니다. 소크라테스는 '무지의 지知'를 주장하며 그것이야말로 '알고 있는 것'이라는 역설적인 논리를 펼쳤지만, 키르케고르는 '절망의 지知'도 절망이나 다름없다고 주장합니다.

　절망은 사람을 죽음으로 내몰 수 있지만, 그리스도교의 경우 자살은 절대 용서받지 못할 죄이므로 도망갈 길이 없습니다. 막다른 골목으로 내몰린 키르케고르가 할 수 있는 일은,

절망을 유형화하고 자기 절망의 위도와 경도를 측정하는 것 아니었을까요?

키르케고르는 부모님이 남겨주신 유산이 있었기에, 노동에 시간을 할애하지는 않았던 것 같습니다. 생활이 빠듯하고 날마다 바쁘면 마음도 혼란스럽겠지만그것은 지극히 괴로운 일이기에 철학자는 '좋은 일'이라고 말하겠지만요, 키르케고르는 자기만을 위한 시간이 많았습니다. 시간은 자유로워도 눈앞에는 절망만 있는 상황에 놓여있었던 것이지요.

'절망'은 무엇을 가리키는가?

여기에서는 우리가 일반적으로 떠올리는 '절망'과 키르케고르의 '절망'은 대상이 다르다는 점에 주의해야 합니다. 애초에 키르케고르가 말하는 '인간' 도 일반적인 의미와는 조금 다릅니다.

'인간'이라고 하면 가장 먼저 '먹고 자며 살아가는 존재'라는 생각이 떠오르지만, 그는 《죽음에 이르는 병》에서 '인간이란 정신이다. 그렇다면 정신은 무엇인가? 정신이란 자기自己다. 그렇다면 자기란 무엇인가? 자기란 관계인데, 관계가 그 자신과 관계하는 관계다'라고 정의하고 있습니다.

키르케고르는 '관계'에 전념하는 존재가 인간이라며 '인간'을 다시 정의했는데 구체적으로는 '무엇'과 '무엇'의 관계일까요? 이에 대해서는 '무한성과 유한성', '시간적인 것과 영원한 것'의 관계임을 밝히고 있습니다.

키르케고르는 이 '관계'에 전념하는 방식 자체가 중요하며, 그 적극적인 통합을 통해 '자기'가 완성될 수도 있고, 반대로 실패할 경우 '절망'의 근원이 된다고 생각하였습니다.

즉 이해하기 쉽게 설명하자면 이렇습니다. 그리스도교 신앙에서 보는 사생관은 앞에서 서술한 대로 '영원히 사는 것'과 같은 종류입니다. 그러나 우리는 지금 현세에 살고 있으며, 속세의 가치관에 이끌리는 존재이기도 합니다. 무한성과 영원한 것이 신의 차원이라면, 우리가 살고 있는 속세는 유한하며 시간에 제한이 있습니다.

키르케고르의 사생관을 제가 초역하자면, 그리스도교 신앙을 가진 자는 항상 신과 속세의 차원 사이에서 갈등하며 살고 있으며, 그 질적 변증법의 결과로 천국으로 향하는 길이 열리게 된다_{영원히 산다}는 것입니다.

그러나 인간은 처세술을 익혀 표면적으로 마치 신앙을 가지고 있는 척할 수도 있습니다. 키르케고르는 그러한 기만을 철저히 배제하고 《죽음에 이르는 병》에서는 세상을 속이고 '신앙을 가진 척'하는 위선적인 명사를 규탄하고 있습니다, 신의 차원과 속세의 차원에서 균형을 잡고 기도하며 살아갈 것을 권유했습니다. 키르케고르는 '절망'을 주제로, 인간에게 '신에게 기도하는 방법'을 설파한 것입니다. 그 기도야말로 영원한 생명으로 통하는 길이라고 믿었던 것이겠지요.

완전히 죽는다
- 키르케고르 말년의 사생관

'그리스도교의 사생관' → '반反헤겔 철학' → '절망의 개념'이라는 세 단계로 키르케고르의 사생관을 대강이나마 이해했으리라 생각합니다.

키르케고르의 사생관은 그리스도교의 '부활'에 대한 믿음이라고 할 수 있습니다. 비판의 대상은 인간의 '삶과 죽음'을 역사와 같이 다른 시스템의 톱니바퀴처럼 취급하는 헤겔의 체계적인 철학이며, 그가 두려워한 것은 '육체의 죽음'이 아닌 '믿음의 결여절망'였습니다.

키르케고르는 다가오는 죽음을 마주하면서 사상의 순도가 높아지고 있었던 것 같습니다. 그의 사생관의 결론은 '완전히 죽는 것'이었습니다.

그의 일기에는 이렇게 적혀 있습니다.

신은 이렇게 말씀하신다. '그리스도인이 되는 것, 완전히 죽는 것, 자기 자신을 미워하는 것, 그리고 나를 사랑하는 것이 진지한 일이라면, 나는 무엇보다도 먼저 인간에게서 삶에 대한 집착을 없애야 한다.'

《키르케고르의 일기 - 철학과 신앙 사이》

키르케고르에게 이 세계는 너무 가혹했습니다. '세상과의 단절'이라는 말은, 그가 아니면 할 수 없는 표현일 것입니다.

그는 현실적인 연애나 결혼에서 벗어나 예수 그리스도를 롤 모델로 삼아 '살아가기 위한 작품'을 많이 간행하였습니다. 그러나 이 작품들은 그의 생전에 정당한 평가를 받지는 못했습니다. 또한 그의 신체적인 특징을 비웃고 풍자하는 만화가 신문에 게재되면서, 키르케고르는 일상생활도 제대로 보낼 수 없는 처지에 몰리게 됩니다코르사르 사건. 마치 오늘날 인터넷에서 비방 댓글이 쇄도하는 것과 비슷한데, 그래도 그는 계속해서 작품을 발표했습니다.

그런 고난의 인생을 살아온 키르케고르는 거리에서 혼절하여 병원에 실려 가게 되면서, 마흔둘의 나이로 세상을 떠났습니다. 그는 입원 중 병문안을 온 형과의 면회를 거절하였습니다. 가족과 함께하는 것이 아닌, 오직 홀로 신에게 사랑받으며 눈감기로 정한 것입니다. 우리는 누군가에게 보살핌을 받으며 눈을 감는 것이 행복한 최후라고 생각하지만, 키르케고르는 신과 자신의 관계에 깊은 사랑을 느끼고 있었기에 그 이외의 요소는 방해라고 느꼈던 것이 아닐까요? 고독사를 두려워하는 사람이 많은 요즘 시대에는 이해하기 어려운 생각일지도 모릅니다.

1855년의 일기에, 키르케고르는 다음과 같이 적고 있습니다.

그러나 신은 사랑이다. 무한한 사랑이다. 하지만 신은 그대가 죽어가는 존재일 때만 그대를 사랑한다. 그렇지만 영원한 고통을 시간적인 것으로 만들어 주시는 것, 이것은 연민이다. 끝이 없는, 무한한 연민이다.

《키르케고르의 일기 - 철학과 신앙 사이》

<신세기 에반게리온>으로 읽는 《죽음에 이르는 병》의 '절망'

이렇듯 꽤 난해하게 느껴지는 키르케고르의 사상을 풀이하는 데는 애니메이션 <신세기 에반게리온>의 제16화 '죽음에 이르는 병, 그리고'가 열쇠가 될 수 있습니다.

줄거리는 이렇습니다. 주인공 신지가 수수께끼인 거대한 인조인간 에반게리온을 타고, 마찬가지로 수수께끼인 적 사도와 싸우는 설정 속에서 이야기가 진행되는데, 제16화에서는 구 모양의 적 사도 속으로 주인공 에반게리온이 통째로 빨려 들어가는 전개가 펼쳐집니다.

주인공은 육체를 잃고, 맞서 싸우는 동기부여도 잃은 채 결국 절망적인 상황키르케고르의 말에 따르면 '절망하여 자기 자신으로 있기를 원하지 않는 절망'이 됩니다. 키르케고르의 '죽음에 이르는 병'이란 곧 '절망'을 가리키므로, 여기에서 제목의 복선은 회수됩니다. 그러나 신지는 적의 뱃속으로 삼켜지면서도 '죽은 어머니의 환영'을 접하고는 살아갈 활력을 되찾습니다. 주인공의 정신과 동기화된 에반게리온에게 에너지가 넘쳐흘러, 안쪽에서 적의 몸을 찢습니다.

이 애니메이션의 설정에서 주인공의 정신 상태는 탑승하고 있는 에반게리온에 반영되므로, 주인공이 살아갈 활력을 되찾으면 에반게리온은 다시 기동하는 시스템입니다. 그리고 주인공은 부활합니다. 죽음의 문턱에서 살아난 주인공을 맞이해주는 '미사토'라는 여성의 가슴에는 십자가 목걸이가 흔들리고 있습니다.

1990년대 일본에서 불어온 '에반게리온 열풍'을 거치며 국민적 애니메이션이 된 이 작품은, 다양한 철학을 접하는 관문으로 자주 활용됩니다. 키르케고르처럼 그리스도교 성향의 실존주의라고 하면 먼 나라의 난해한 철학이라는 인상을 받기 쉽지만, <신세기 에반게리온>에 키르케고르의 저작 《죽음에 이르는 병》이 인용된 이유를 돌파구로 삼으면 키르케고르의 철학을 더욱 가깝게 느낄 수 있을 것입니다.

2장

'영원 회귀하여 죽지 않는다'
니체

vs

'무의미한 삶을 끝내는 죽음'
쇼펜하우어

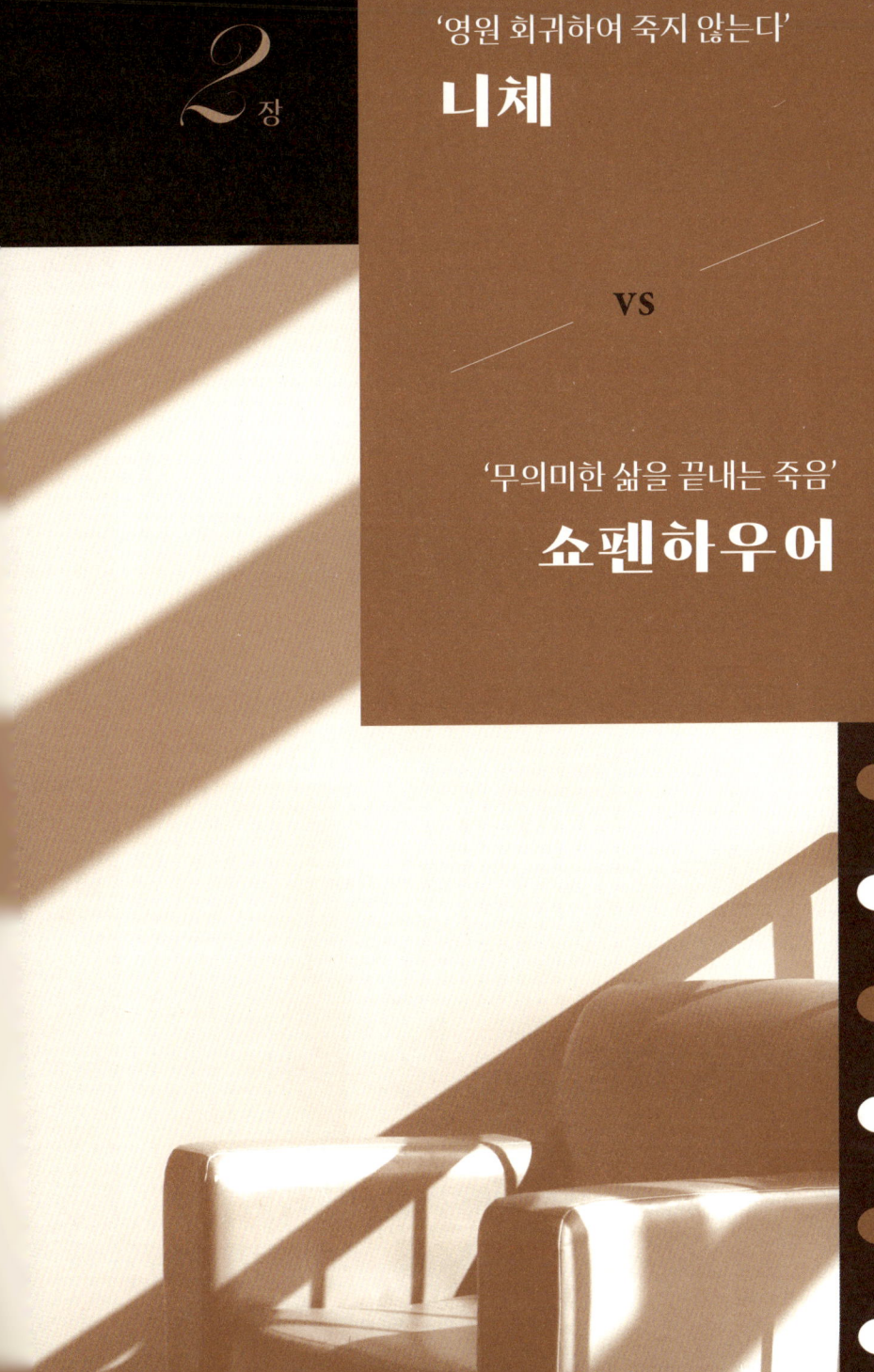

프리드리히 니체

Friedrich Nietzsche, 1844~1900

독일의 철학자. 목사의 아들로 태어났다.
고전 문헌학의 연구자로, 이례적인 젊은 나이에
바젤 대학의 교수가 되었다. 영원 회귀와
초인 사상에 근거한 작품을 주로 썼다.

니체의 사생관 '영원 회귀'란 무엇인가?

니체는 그리스도교적 가치관과 사생관을 밑바닥부터 뒤집고 새로운 가치를 창조하고자 원 모양으로 순환하는 사생관을 제시하였는데, 그것이 바로 '영원 회귀'입니다. 이는 [제1장]에서 다루었던 그리스도교 사생관에 충실한 키르케고르와 비교하면 이해하기 쉬울 것입니다.

'원 모양의 순환'이라고 하면 동그란 고리를 떠올릴 텐데, 영원 회귀란 '다시 태어나 새로운 삶을 다시 시작한다'는 의미가 아닙니다. 현재의 경험은, 과거에도 똑같은 자신이 같은 환경에서 같은 사건을 경험한 것이며 미래에도 경험을 계속한다는, 일종의 무간지옥*과 같은 사생관입니다.

사실 이러한 사생관을 처음 언급한 것은 니체가 아닙니다. 영원 회귀라는 '원환 모델'의 사생관세계관은 고대 철학자 헤라클레이토스Heraclitus of Ephesus, BC 540~BC 480가 설파했습니다. 니체는 영원 회귀의 사상에 대해 '호숫가 바위 옆에서 순간적으로 번뜩였다'라고 증언하고 있지만, 선인들의 사상에서 받은 영향은 부정할 수 없을 것입니다.

마찬가지로 니체는 이번 장의 또 다른 주인공인 독일 철학자 쇼펜하우어에게서 허무주의적nihilistic인 사생관에 지대한 영향을 받았습니다. 그러나 니체는 '영원 회귀'를 설파한 《차라투스트라는 이렇게 말했다Also sprach Zarathustra》조로아스터교의 창시자 이름을 딴 작품를 발표하며 '초인'이라는 이상적인 인간상을 내걸고, 공격적인 자세로 허무주의를 극복하려고 했기에 정통성을 인정받는 분위기입니다.

---

* 불교에서 말하는 '팔열 지옥(八熱地獄)' 중 하나로, 죄를 지은 사람이 한 겁(劫) 동안 끊임없이 고통을 받는다는 지옥을 말한다.

영상 작품으로 이해하는
영원 회귀

　　　　　　　　　니체의 독창성은, 그의 죽음 이후 어떤 형태로 계승되고 있을까요?

　저는 그것이 철학이라는 장르가 아니라, 영상 제작의 방향성으로 활용되고 있다고 생각합니다. 그렇게 말할 수 있는 이유는 과거 한 신문에 영화 평론을 연재하고 있을 때 2014~2018, '이 영화의 플롯은 니체의 사상을 모델로 하고 있다'라는 확신이 드는 영상 몇 편을 만났기 때문입니다. 여기에서는, 니체의 사상으로 가장 유명한 '영원 회귀'를 이해하는 데 연습이 되는 영상 작품 6편을 선정하였습니다.

　덧붙여 서브컬처 작품에서 자주 볼 수 있는, 극히 짧은 일정 기간, 예를 들면 24시간의 사건을 반복하는 패턴이나 여름방학을 몇 번씩 반복하는 패턴의 학원물 애니메이션처럼 흔히 말하는 '타임루프물'은 구조상 비슷하게 보이지만, 인생 자체를 반복한다는 영원 회귀 사상과는 다르므로 여기에서는 다루지 않습니다.

① 영화 <2001 스페이스 오디세이2001: A Space Odyssey>, 1968년, 감독 스탠리 큐브릭Stanley Kubrick

② 영화 <샤이닝The Shining>, 1980년, 감독 스탠리 큐브릭

③ 영화 <매트릭스 2: 리로디드The Matrix Reloaded>, 2003년, 감독 워쇼스키 형제Wachowski Brothers

④ 영화 <루시Lucy>, 2014년, 감독 뤼크 베송Luc Besson

⑤ 영화 <인터스텔라Interstellar>, 2014년, 감독 크리스토퍼 놀란Christopher Nolan

⑥ 드라마 <트윈 픽스Twin Peaks>, 2017년, 감독 데이비드 린치David Lynch

이 여섯 작품을 보면 '영원 회귀'를 성립시키기 위한 로직이 작가마다 미묘하게 다르다는 것을 알 수 있습니다.

① <2001 스페이스 오디세이>는 '시공을 초월한 방'을 설정하여 영원 회귀를 성립시킵니다. 우주 끝에 도달한 우주비행사가 어떠한 초월적인 힘에 의해 '특별한 방플랫폼 같은 장소'에 전송되며, 그곳에서 노인이 되고 비석 모노리스의 힘에 의해 아기 같은 영혼으로 바뀌어 시공을 초월해 지구로 귀환

한다는 이야기입니다. 이 영화가 영원 회귀를 이야기한다는 것은 리하르트 슈트라우스Richard Strauss가 작곡한 교향시 <차라투스트라는 이렇게 말했다>가 쓰이고 있다는 점에서 알 수 있습니다.

①과 같은 감독의 작품인 ② <샤이닝>은 영원 회귀를 모델로 하고 있지만 ①보다 구조가 더 복잡하며, 자살한 주인공이 과거로 환생한다는 장치로 영원 회귀가 성립합니다②에 대한 상세한 설명은 [제8장]에서 살펴보겠습니다.

①과 ②는 니체의 사상을 재현하고 있지만, ③ <매트릭스 2: 리로디드>는 니체의 사상을 한 걸음 앞으로 진전시키고 있다는 생각이 듭니다. 영화 중반에는 '인간으로부터 에너지를 착취하기 위해 환상의 세계를 구축하고 있는 설계자'와 '구세주'로 불리는 주인공 네오가 대결하는 장면이 있습니다. 여기에서 '구세주의 다양한 행동 패턴'이 여러 모니터에 투영됩니다. 니체의 영원 회귀는 '완전히 똑같은 인생의 반복'을 전제로 하지만, 네오는 '거의 똑같지만 미묘하게 어긋나 있는' 패턴으로 영원 회귀를 반복하고 있는 모습을 이 모니터 장면을 통해 볼 수 있습니다. 그리고 영원 회귀의 패턴

에 최종적으로 큰 차이를 초래하는 것은 불규칙적인 '연애'입니다. 이것은 니체의 영원 회귀 모델을 긍정하면서, 동시에 그를 넘어서는 것입니다. 니체는 사랑하는 사람 루 살로메Lou Andreas-Salomé와의 연애에 좌절하는 인생이 영원 회귀한다고 해도 그 인생을 사랑한다고 말했지만, 네오는 연애가 순탄하게 잘 흘러갔기에 영원 회귀의 패턴에서 결국 멀어집니다. 덧붙여 ③은 가상 세계를 무대로 하고 있는데, 우리 현실 세계의 메타포로 해석해 보면 이해가 빠를 것입니다.

④ <루시>는, 복부를 잔뜩 채운 신종 약물이 파열하는 사고로 인해 우연히 초인적인 힘을 손에 넣은 여주인공이 인체의 형태조차 남기지 않을 정도로 바뀌고, 시공을 뛰어넘어 원숭이 사람과 접촉하면서 인류의 역사를 시작시킵니다. ①의 영원 회귀에 가까운 유형이지요.

또한 인류를 멸망의 위기에서 구해내는 휴먼 SF 영화 ⑤ <인터스텔라>는 평행 우주를 가시화하는 방식으로 영원 회귀의 변형을 보여줍니다. 그 변화 속에서 '중력'을 통해 하나의 우주에 간섭함으로써 희망이 있는 미래로 이행합니다.

⑥ <트윈 픽스>는 ①의 '시공을 초월하는 방플랫폼'의 설정을 답습하고 있는데, 이 작품은 다원 우주를 상정하여 거기

에서 여러 시공이 분기되고, 심지어 주인공 자신도 여러 패턴으로 분기된다는 점이 ①과의 결정적인 차이라고 할 수 있습니다.

이렇게 여섯 작품을 살펴보았는데, 실제로 작품을 보지 않으면 이해하기 어려울지도 모릅니다. 영원 회귀에 입문하기 위해 꼭 한 번 보기를 추천합니다.

그리스도교의 시간 축과 니체

키르케고르가 절대적인 가치로 삼은 신과 천국은 니체의 원환 모양 모델에서는 완전히 배제되어, 죽은 후에 신의 품으로 부름을 받는다는 전통적인 그리스도교 이야기는 기능하지 않게 됩니다.

전통적인 그리스도교 사생관을 다음 페이지 일러스트를 통해 살펴봅시다.

[제1장]에서도 설명했듯 그리스도의 힘으로 무덤에서 되살아난 나사로와 십자가에 못 박힌 그리스도가 사흘 후에 영

의 몸으로 부활한다는 일화는 '그리스도를 믿는 사람은 먼 미래에 이렇게 될 거야'라는 예고로 해석할 수 있습니다. 그리스도 부활의 연장선상에 <요한계시록>의 '나팔 소리 이후, 지금의 세계가 망하고 천년왕국의 건설을 거쳐 새로운 천지가 열린다'라는 요한의 예언을 더하면 일러스트와 같은 시간 축을 그릴 수 있을 것입니다.

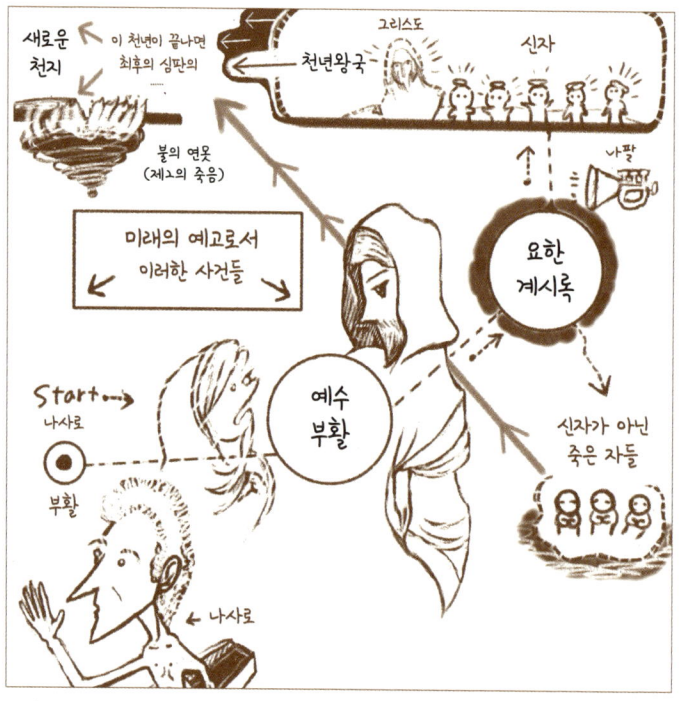

그리스도교의 시간 축

그리스도교의 사생관은 신자의 부활과 천년왕국 이후 인류가 다시 심판을 받는다는 것을 전제로 하고 있습니다.

그러나 니체는 이러한 이야기와 예언을 모두 부정합니다.

《차라투스트라는 이렇게 말했다》와 《성경》을 비교하다

니체는 그리스도교의 삶과 죽음에 관한 '이야기'를 어떻게 바꾸어 썼을까요? 성경과 니체의 작품을 비교해 보면, 니체가 '의식적으로' 성경의 가르침을 완전히 바꾸고 있음을 알 수 있습니다.

> 물론 그대들은 어린아이처럼 되지 않으면 저 하늘나라에는 갈 수 없다그러면서 차라투스트라는 두 손으로 머리 위를 가리켰다. 하지만 우리는 하늘나라에 갈 생각은 없다. 우리는 어른이 되었다. 그러므로 우리는 지상의 나라를 원한다.
>
> 《차라투스트라는 이렇게 말했다》

이 대목은 아마 성경을 읽지 않으면 니체가 그리스도교의 '무엇에 반발했는지' 감이 오지 않을 것입니다. 그래서 이 문장과 짝을 이룬다고 생각되는 성경의 해당 부분을 읽어보도록 합시다.

> 나는 분명히 말한다. 너희가 생각을 바꾸어 어린아이와 같이 되지 않으면 결코 하늘나라에 들어가지 못할 것이다. 그리고 자신을 낮추어 이 어린아이와 같이 되는 사람이 하늘나라에서 가장 위대한 사람이다.
>
> 《성경》, 〈마태복음 제18장〉

어린아이와 같이 되지 않으면 하늘나라에 들어갈 수 없다는 성경 경구를 일축하고, 말을 완전히 뒤집어 '하늘나라에 들어가지 않아도 된다. 어른이 되었으니 지상의 나라를 원한다'라고 말한 니체. 성경과 같은 성전에 반하는 '자신의 성전'을 창작해 버리는 모습이 반항기 청소년을 떠올리게 하는데, 니체가 목사 집안에서 태어났기에 그런 반항적인 면이 있었을지 모릅니다. 어쩌면 니체는 그 정도의 '알기 쉬움'이 없으면 과거의 가치관을 뒤집을 수 없다고 생각했을

지도 모르지요.

이 부분에서는 일부러 성경을 꺼내면서까지 '어린아이'를 부정하고 있는데, 한편으로 《차라투스트라는 이렇게 말한다》의 다른 부분에서는 인간 정신의 성장 과정을 낙타^{과거 가치관의 무게를 견디고 걷는다} → 사자^{과거 가치관인 용과 싸운다} → 어린아이^{자유롭게 창조한다}로 묘사하고 있어 앞에 언급한 '어른 선언'은 모순을 내포하는 것처럼 느껴집니다.

이 모순을 어떻게 생각해야 할까요? 저는, 니체가 긍정하는 '어린아이'란 어린아이처럼 장난기를 마음속에 품고 있는 노성한 선인의 '내면의 어린아이'이며, 성경의 '어린아이'는 부모에게 반항할 수 없는 무력한 존재라고 추론하고 있습니다.

이를 '사생관'이라는 관점에서 정리하면, 그리스도교에서는 꼼짝없이 겸허한 어린아이와 같은 사람이 하늘나라에 갑니다. 그에 반해 니체는 어린아이가 아니라 어른^{다만 어린아이와 같은 창조성을 가진 어른}이 되어 영원히 현세를 살아간다는 의미가 되지요.

'천국'과 '르상티망'의 관계

그렇다면 니체는 왜 '천국'을 부정했을까요?

그것은 그리스도교의 천국이, 우리가 살고 있는 이 세상의 르상티망ressentiment, 질투, 원한과 깊게 연결되어 있다고 생각해서가 아닐까요? 천국과 질투? 그것이 과연 어떤 관계인지 궁금한 사람도 많을 것입니다.

사실 '질투'는 '다른 세계나 다른 차원'과 친화성이 있습니다. 예를 들어 민속학적인 측면에서는 마을에서 한 집만 경기가 좋으면 '그 집은 여우실존하는 동물이 아닌 영적 존재로서의 여우에게 홀렸다'라는 소문이 돌았습니다. 즉 협소한 사회 안에서 출중한 자가 나타나면 현세의

논리만으로는 그에 대한 주위의 시기와 질투를 처리할 수 없게 되어 '여우'에게 책임을 전가해 버리는 것입니다. 그에 의해 가까스로 좁은 마을이라는 사회가 돌아가게 되는 것이지요.

이 논리를 이번에는 그리스도교 사회에 대입해 봅시다.

성경에는 '부자는 하늘나라에 가기 어렵다'^{마태복음}라는 유명한 구절이 있습니다. 이는 자신이 가진 것을 가난한 사람에게 베풀라는 훌륭한 가르침이지만 그것을 곡해하는 사람도 많습니다. 예를 들어 재산을 가진 자들은 종종 마녀사냥의 표적이 됩니다. 이러한 르상티망의 온상으로서의 그리스도교 사회를 전제로 하면, 그것은 마을 사회와 같은 메커니즘을 갖게 됩니다.

이 사고방식에 대해 니체는 '현실의 배후에 있는 세계'에 대한 책임 전가_{즉 질투의 변형}를 멈추고, 주어진 현실을 강하게 창조적으로 살아갈 것을 환기하였습니다. '다른 세계'를 완충재로 사용하여 나약한 자신, 힘없는 자신을 어떻게든 토닥이며 하루하루를 살아가는 것은 자기 자신을 안전지대에 두고 우월감에 젖게 하는 '도피처'가 될 수도 있으니, 니체는 일단 그러한 '퇴로'를 끊어내자고 제안한 것입니다.

다른 차원 C의 존재에 의해 A에서 B로의 르상티망은 교묘하게 숨겨져 있다.

니체의 '신은 죽었다'의 의미

[제1장]에 등장한 키르케고르는 실연의 현실과 약혼 파기의 책임에서 달아나고, 자신의 콤플렉스를 극복하지 못한 채 도망쳐 들어간 신앙의 세계에서 결국 눈을 감았습니다. 그는 자신의 르상티망을 자각하지 못한 채 죽음의 순간까지 계속 도피했던 것입니다. 키르케고르에게는 그것이 그리스도에 대한 사랑이며 신앙으로 이루어낸 행위라고 할 수 있지만, 니체가 보기에는 인간의 나약함을 대신하는 속임수에 불과했습니다.

니체는 천국 이외에도 '그동안 진리로 여겨졌던 것'을 모두 파괴했습니다. 니체 이전의 철학자들은 진리나 궁극의 가치, 진실을 총칭하는 '신'이 어딘가에 존재한다는 전제로 철학을 전개했습니다. 그러나 니체에게 그것들은 모두 케케묵은 가치관일 뿐. 니체는 그들을 총괄하여 '신은 죽었다'라고 선언한 것입니다.

니체가 새로운 시대를 개척했다는 측면도 물론 있겠지만, 한편으로 당시 유럽 시대의 분위기를 민감하게 감지하고 있었다는 면도 부정할 수 없습니다.

'신은 죽었다'는
어떻게 쓰여 있는가?

하지만 니체의 대표적인 말인 '신은 죽었다'는 대개 단독으로만 쓰이기에 실제로 이 문장이 작품에서 어떤 맥락으로 이야기되는지 확인한 사람은 드문 듯합니다. 차분하게 작품을 읽어보면 단순히 '기존 가치관의 파괴'라는 의미와는 다른 측면을 볼 수 있습니다.

애초에 《차라투스트라는 이렇게 말했다》에서 '신의 죽음'을 묘사하는 장면은 여럿 존재합니다. 우선 많은 신들 가운데 한 명의 신이 '오직 나만이 신'이라고 선언했기에 다른 오래된 신들이 '웃다가 죽고 말았다'라는 묘사가 등장합니다.

옛 신들의 문제는 이미 오래전에 결말이 났다. 실제로 즐겁고 멋진 최후였다! 신들은 '황혼기'에 들어 죽음을 맞이하지 않았다. 그것은 거짓말이다! 오히려 그들은 너무 웃다가 죽음을 맞이했다!

그것은 어느 신이 '신은 오직 하나다! 나 이외의 다른 신을 섬겨서는 안 된다!'라며 신을 두려워하지 않는 말을 내뱉었을 때의 일이었다.

《차라투스트라는 이렇게 말했다》

이는 일신교 신의 등장으로 다신교 신들이 '말살'되었음을 설파하고 있습니다.

신의 죽음에 관한 다음 묘사는, 늙은 교황이 증언했다는 '인간에 대한 연민으로 숨이 막혀' 신이 죽었다고 말하는 부분입니다. 이런 전개는 마치 한 사건에 여러 목격자가 제각각 증언하는 탐정소설 같은 느낌이지만, 독자인 우리는 명탐정처럼 니체의 진의를 확인해야만 합니다.

동방에서 온 그 신은 젊은 시절 가혹하고 복수심이 강했으며, 자신이 좋아하는 자들을 즐겁게 해주기 위해 지옥을 만들었다.

그러나 마침내 그도 나이가 들고 유약해지고 물러져 동정심이 깊어졌다. 아버지라기보다 할아버지에 가까웠다. 아니, 비칠비칠한 할머니에 가장 가까웠다.

그는 시들시들해져 벽난로 한구석에 앉아 다리와 허리가 약해졌다고 한탄하다가, 이 세상이 지겨워지고 의욕도 사라져 어느 날 동정의 덩어리에 숨이 막혀 죽었다.

《차라투스트라는 이렇게 말했다》

아무래도 '동정의 덩어리에 숨이 막혀 죽었다'라는 신과 앞에 나온 '웃다가 죽고만 신'은 다른 신이라고 할 수 있겠지요. 심지어는 추악한 인간을 목격한 신이, 그것을 견디지 못하고 죽었다는 설도 있다니, 놀랍습니다.

'나는 그대의 정체를 알고 있다.' 차라투스트라는 청동 같은 목소리로 말했다. '그대는 신을 죽인 자다! 길을 비켜라. 그대는 그대를 본 자를 참아내지 못했다. 가장 추악한 인간인 그대를, 신은 언제나 밑바닥까지 꿰뚫어 보고 있었다! 그대는 그런 목격자에게 복수한 것이다!'

《차라투스트라는 이렇게 말했다》

'추악한 인간'을 보았기에 신은 죽고 말았다고 말하고 있습니다. 그러나 이 설은 '차라투스트라의 그림자인 방랑자'에 의해 부정당합니다.

> ……옛 신은 다시 살아났다. 오, 차라투스트라여, 하고 싶은 말을 얼마든지 해도 좋다.
> 그것은 가장 추악한 인간의 탓이다. 그자가 옛 신을 되살렸다. 그자는 자신이 신을 죽였다고 말하지만, 신들의 경우, 죽었다고 해도 언제나 성급한 결론에 지나지 않는다.
>
> 《차라투스트라는 이렇게 말했다》

지금까지 본 '신의 죽음'에 관한 증언을 정리하여 명탐정처럼 추리해 봅시다.

그리스적인 다신교의 신들은 한 번은 웃다가 죽었지만, '추악한 인간'에 의해 부활하였으며 반대로 동방 출신의 지옥을 창조했다는 신은 노화와 동정으로 죽고 말았다고 할 수 있습니다.

니체는 일신교의 종말과 다신교적 가치관의 부활을 꾀하고 있었던 것 같으며, 그 생각과 주장을 이야기 속에 마치 암호처럼 숨겨놓았습니다. 그래서 유명한 '신은 죽었다'라는 말은 진리의 파괴뿐 아니라 다신교적 가치관의 부활로 해석해야 《차라투스트라는 이렇게 말했다》를 더 쉽게 이해할 수 있을 것입니다. 니체의 능동적인 허무주의는, '신앙의 파괴와 그 후의 황야'라는 이미지를 떠올리기 쉬울지도 모르지만, 잊힌 풍요로운 대지를 일구어 다시 가꾸려 하였다고 해석해야 할 것입니다.

'니체 유행'이 자주 일어나는 신기한 이유

우리 사회는 예로부터 다양한 신앙이 있었기에 일신교그리스도교의 세계관을 좀처럼 이해하기 어려울 것입니다. 실존주의의 시조 키르케고르가 주류가 되지 못하는 이유도 여기에 있다고 생각합니다.

한편으로 현대 사회에서는 '느슨한 느낌'의 니체 유행이 종종 일어납니다. 그 이유는 다신교적 기반이 있기 때문이 아닐까 생각합니다. 그것이 앞서 말한, 니체가 원했던 '옛 신들의 부활'과 상성이 맞는 것이지요. 그러나 이러한 유행을 함부로 노골적으로 긍정할 수 있는지는 의문이 남습니다. 적어도 최근의 유행을 보면 대부분 무턱대고 '명언집'을 만들어내는 것에서 끝나고 있기 때문입니다. 본격적으로 유행해 전집을 읽는 독자가 증가하고 정기적인 독서 모임이 곳곳에서 개최되는 수준까지는 좀처럼 도달하지 못하고 있습니다.

예를 들어 《차라투스트라는 이렇게 말했다》도 통독할 기회가 적고, 명언집 속의 문구로 읽는 사람이 대부분이라고 생각합니다. 그러나 《차라투스트라는 이렇게 말했다》에는 앞에서 서술한 '신의 죽음에 대한 원인'처럼 다양한 트릭이 숨겨져 있고, 앞서 한 말을 철회하는 장면도 나오므로 순서를 의식하여 일련의 이야기로 읽어야 저자의 진의를 알 수 있습니다. 여행 과정의 한 컷 한 컷을 잘라내어 조각조각 붙이는 것은 의미가 없는 것이지요.

《차라투스트라는 이렇게 말했다》의 줄거리는, 주인공 차라투스트라가 산에 틀어박히는 장면으로 시작합니다. 산에 틀어박혀 있는 10년 동안 '진리'를 터득한 주인공은 산에서 내려와 여행을 떠나면서 한층 더 사상을 갈고 닦아, 그것을 사람들에게 설법하는 긴 여행을 떠납니다. 주인공은 여행 도

중 다양한 사람을 만나며 깨달음을 얻어 가는데, 그 주인공은 그냥 니체의 분신이라고 생각해도 좋을 것입니다. 니체는 이 책의 첫머리에 '모든 사람을 위하면서, 그 누구를 위한 것도 아닌 책'이라고 적고 있습니다.

그렇다면 우리는 다신교의 종교관과 영원 회귀라는 사생관을 어떻게 음미해야 할까요? 니체가 일종의 권위가 된 지금, 이 니체의 사생관을 뒤집지 않으면 안 된다고 생각합니다. 권위와 싸우는 자세를 이상적인 인간상으로 삼은 니체도 그것을 바라고 있을 것입니다.

영원 회귀를 다시 사는 초인

만약 영원 회귀가 정말로 존재한다면, 그것은 무간지옥의 세계라고 생각합니다. 그런데도 니체는 '이 운명을 사랑한다'라고 말한 인물입니다. 모든 사람은 각각 둘도 없는 매우 소중한 삶을 살고 있습니다. 그 인생에서는 후회하거나 절망하기도 하고 원치 않는 처지에 빠질 수도 있습니다 그 반대 또한 존재합니다.

  니체가 이상으로 삼은, 인간을 극복한 인간상='초인'이란 다시는 없을 자신의 인생을 설령 다시 한번 되살아난다고 하더라도 똑같이 사랑하고, 똑같은 태도로 꿋꿋이 살아가는 강인함을 가진 사람을 가리킵니다. 그것은 판에 박은 듯한 매일매일을 타성으로 살아가는 것이 아니라 몇 번이고 그 가혹한 삶을 살아가겠다는, 운명을 사랑하는 사람을 말합니다. 그렇게 생각하면 니체의 사생관 속에서는 죽음에 대한 공포나 죽음 자체가 단순하게 원으로 순환하는 과정 중 통과하는 한 점에 지나지 않는다고 할 수 있습니다.

아르투어 쇼펜하우어

Arthur Schopenhauer, 1788~1860

독일의 철학자. 폴란드-리투아니아 연방의 도시
단치히에서 유복한 가정의 외동아들로 태어났다.
세계의 근원은 비합리적인 삶에 대한 의지라고 여겼으며,
'고난의 세계'는 의지의 소멸을 통해
구제할 수 있다고 생각했다.

니체에게 지대한 영향을 끼친 쇼펜하우어

이야기 형식의 철학서 《차라투스트라는 이렇게 말했다》에서 니체는 신의 존재를 지워버리고 새로운 사생관 모델을 구축하고자 했는데, 사실 앞의 [시작하며]에서 잠깐 언급한 한 철학자의 존재가 큰 영감이 되고 있습니다. 니체가 호숫가에서 생각했다고 여겨지는 영원회귀의 원형을, 그가 열중해서 읽었다는 쇼펜하우어의 저작 《의지와 표상으로서의 세계 Die Welt als Wille und Vorstellung》 안에서 발견할 수 있는 것입니다.

지금부터는 쇼펜하우어의 사상을 확인해 보도록 합시다.

쇼펜하우어는 '살아있는 것'과 '의식이 있는 것' 자체를 부정적으로 파악하는, 지극히 비관적인 철학자입니다. 그에 반해 니체는 살아있는 것을 끝까지 긍정하고, 그를 사랑할 것을 설파했기에 언뜻 보면 정반대의 성향이라고 생각할 수 있습니다.

그러나 원으로 순환하는 모양의 세계관 설계는 공통적이며, 쇼펜하우어가 제시한 '원'의 시간관에 '영원히 원에서 벗어날 수 없다'는 설정을 추가해 극장형으로 만들면 니체의 세계관영원 회귀이 완성됩니다.

그렇다면 두 사람의 작품에서 발견할 수 있는 공통점을 구체적으로 살펴봅시다.

> 우리는 시간을 끊임없이 회전하는 원에 비유할 수 있다. 끊임없이 아래를 향하는 반원은 과거이며, 끊임없이 위를 향하는 반원은 미래인 셈이다. 그 꼭짓점의 접선에 닿는 점은 나눌 수도 없고 크기도 가질 수 없는데, 그것이 현재이다.
>
> 《의지와 표상으로서의 세계》

이 대사는 《차라투스트라는 이렇게 말했다》 제3부의 <환

영과 수수께끼에 대하여>와 호응하고 있습니다.

> 이 순간을! 순간이라는 이 성문 통로에서 영원히 긴 길이 뒤로 이어진다. 그리고 뒤에 있는 것은 영원하다.
> 달릴 수 있는 모든 것은 틀림없이 이미 이 길을 달리지 않았겠느냐. 일어날 수 있는 모든 것은 틀림없이 이미 일어나 행해지고, 통과하지 않았겠느냐.
> ······(중략)
> 그리고 틀림없이 다시 돌아오지 않겠느냐. 맞은편에 다른 하나의 길이 보이지만, 그 무서운 길을 달려, 틀림없이 반복하여 영원히 돌아오지 않겠느냐.
>
> 《차라투스트라는 이렇게 말했다》

이처럼 시간을 바라보는 방식에서 두 사람에게 겹치는 부분이 많기 때문에 니체와 쇼펜하우어의 차이는 '원 모양의 시간 모델'을 대하는 방식이 '소극적'이냐 '적극적'이냐로 판가름 납니다. 쇼펜하우어의 사상을 간결하게 설명하자면 '이 세계에는 아무런 의미가 없다'이고, 그 아무런 의미가 없는 '고난의 세계'로부터 벗어나는 유일한 길이 바로 '의지의 소멸'이라고 여겼습니다. 반면 니체는, 설령 인생이 '고난뿐'일지라도 그것을 사랑한다는 적극성을 보입니다.

인생을 비디오 게임에 비유한다면 쇼펜하우어는 시작해보니 난이도가 높은 어려운 게임이어서 도중에 포기할 뿐만 아니라 게임기까지 통째로 태워버리는 플레이어라고 말할 수 있습니다.

반면 니체는 '아, 이 게임은 고행과 같은 내용이구나'라고 생각하면서도 그 게임을 사랑하며, 급기야 게임을 클리어하고 다시 완전히 똑같은 게임을 공략하는 플레이어가 되겠지요.

……모든 인간은 항상 목적과 동기를 가지고 있고, 그에 따라 자기 행동을 유도하며 자신의 개별 행동에 대해 항상 설명할 수 있다. 그러나 그에게 어떤 이유로 하려고 하는지, 혹은 어떤 이유로 존재하고자 하는지를 묻는다면 아무 대답도 하지 못할 것이다.

……(중략)

……일단 노력이나 열망이 달성되면 처음의 노력이나 열망과는 이미 닮은 듯 닮지 않은 것처럼 보이기에 곧바로

잊혀지고 헌 옷처럼 버려지며, 비록 공공연하지 않다고 하더라도, 그것은 한때의 착각이라고 치부해 버릴 수 있는 것들이다.

《의지와 표상으로서의 세계》

쇼펜하우어는 인생에 무언가 목표가 있는 것처럼 보여도 그것은 단순한 착각에 지나지 않으며 쳇바퀴를 계속 도는 햄스터와 같다고 설명하였습니다. 쳇바퀴에 싫증이 나면 이제는 그저 의미 없는 허무가 펼쳐질 뿐 고행에는 어떠한 의미도 없으며, 무언가를 달성했다고 생각해도 그것은 착각이라는 것이 인생이며, 그 순환에도 '정체'가 오면 '죽고 싶다는 생각이 들 정도의 우울함'이 온다고 쇼펜하우어는 지적하였습니다.

쇼펜하우어와 현대의 수첩 열풍

쇼펜하우어의 사생관을, 최근 우

리 주변의 유행에 비추어 생각하자면 '수첩 열풍'과도 비슷한 부분이 있습니다. 수첩에 열광하는 사람들은 '게으름'이 옷자락을 붙잡는 것이 무서운지, 계속해서 세세한 목표를 세우고 수첩에 일정을 적으며 그것을 모두 이루려고 합니다. 그중에는 '죽기 전에 하고 싶은 일'을 적고 나열하기 위한 수첩까지 출시되었는데, 그런 수첩 마니아들의 삶의 목적 자체가 수첩의 일정 목록을 소화하는 것이 된다는 점과 맞닿아있습니다.

그리스도교나 세계관의 철학, 혹은 혁명적인 사상 등의 '큰 이야기'가 해체되고, 지극히 사적인 '작은 이야기'를 엮듯이 계획을 짜야만 하는 현대인이 어떻게든 삶의 동기부여를 유지하기 위해서는 성경 대신 성경처럼 두툼한 수첩이 필요해진 것입니다.

실제로 성경과 흡사한 형태와 크기, 종이 재질로 만들어진 수첩을 구매해 하루 한 장씩 강박적으로 채워나가면서 자신의 인생은 충실하다고 스스로를 다독이며 살아가고 있는 사람이 놀라울 정도로 많은 듯합니다.

그리고 그런 사람들을 위해 다양한 수첩 작성법을 제안하는 권위자들이 여럿 생겨나고 있습니다. 그들은 수첩 사용법을 구체적으로 지적합니다. 그 주장은 대략 다음과 같은 흐름입니다.

'개인의 소망 발굴' → '소망을 언어로 표현하기 혹은 비전을 그림으로 그리거나 사진으로 찾기' → '그것을 수첩에 정리하고 구체적인 일정을 계획하기' → '꿈이 이루어지면 표시하거나 자신에게 보상을 주는 일정을 넣기'.

이처럼 끊임없이 욕망을 발견하고 그것들을 단기적 혹은 중·장기적으로 소화해 나가는 것이 인생이라고 한다면, 이 세상에 '궁극의 목적'은 존재하지 않을 것입니다. 살고 싶다는 의지가 사라지면 그 무의미한 순환도 끝나게 되고, 오히려 그런 의미 없는 인류는 없어도 좋다고 말할 수 있겠지요. 자칫하면 위험한 사상이지만, 그것이 바로 쇼펜하우어의 사생관입니다.

반면 니체는 인생이라는 이름의 수첩 한구석에 마음이 반짝이는 추억을 단 한 줄이라도 쓸 수 있었다면 인생 전체를 좋다고 생각할 수 있는 강한 정신력의 소유자였습니다. 니체에게 '마음이 반짝이는 추억'이란 짝사랑하는 여성 살로메가 아니었을까요?

죽음에 대한
쇼펜하우어의 말

끝까지 삶을 부정적으로 바라본 쇼펜하우어는 과연 죽음에 대해서는 어떻게 생각했을까요? 그는 '죽음 그 자체'와 '죽음에 대한 공포'를 구분하였는데, '죽음에 대한 공포'는 인식의 힘을 통해 극복할 수 있다고 이야기하고 있습니다.

> 죽음의 공포라는 착각은, 어쩌면 자신이 언젠가 현재를 잃게 될지도 모른다는 이유 없는 공포를 인간에게 심어주어, 마치 현재를 포함하지 않는 시간이 있는 것처럼 보이게 하는 착각에 불과하다.
>
> 《의지와 표상으로서의 세계》

우리는 '죽음'을 떠올릴 때 저도 모르게 감성적으로 변하며, 자기 죽음 전후의 일들에 휩쓸려 쉽게 본질을 잊고 맙니다. 모든 환영과 착각을 지우고, 심지어는 세계와 인생에서도 의미를 빼앗아 버린 비관주의자 쇼펜하우어의 철학은 분명 니체에게 큰 영향을 미쳤을 것입니다. 이 두 사람에게는 공통점도 있는데, 두 사람을 동시에 비교하면 니체에게는 있고 쇼펜하우어에게는 없는 것이 도드라집니다.

반복해서 말하지만 쇼펜하우어의 '원환 모양 모델'과 니체의 영원 회귀는 유사한 점이 많습니다. 앞에서 언급했듯이 결코 니체가 최초는 아닙니다. 그러나 이 세계를 무의미하게 치부하느냐쇼펜하우어, 아니면 끝까지 받아들이고 사랑하느냐니체, 그것이 이들의 가장 큰 차이점입니다.

그들의 사생관도 이러한 세계관을 따르고 있습니다. '죽음'을 무의미한 세계의 구제로 받아들인 쇼펜하우어와 무의미한 세계 속에서 한 조각의 기쁨을 발견하고, 오셀로 게임처럼 '무의미'를 '운명애運命愛'로 바꾼 니체. 두 사람을 비교하다 보니, 저에게는 니체의 강인함과 순수함이 더 매력적으로 느껴집니다.

죽음이란 무엇인지 생각해 볼 때가 되었다

3장

'이데아론이라는 이상 세계에 임한'
플라톤

vs

'죽음 준비 활동의 원조'
소크라테스

플라톤

Plato, BC 428/427~BC 348/347

고대 그리스의 철학자.
'서양 철학의 출발점'으로 여겨지며 이데아론을 전개했다.
수많은 저작에는 스승 소크라테스가 등장한다.

서양 철학의 시작,
플라톤의 '이데아'

[제2장] 에서는 현세를 긍정하는 니체와 현세를 부정한 쇼펜하우어를 살펴보았습니다. 이 두 철학자의 차이를 더욱 근본적으로 파고들면 어느 한 지점에 도달하는데, 바로 서양 철학의 시초라고 할 수 있는 '이데아론'에 대한 태도의 차이입니다. 이데아idea란, 그리스어로 '보다'를 뜻하는 동사의 변화형으로, '보이는 것', '형태', '모습'을 의미합니다. 우리가 일상에서 사용하는 '아이디어'의 어원이기도 합니다. 다만 이러한 의미를 철학 용어로 사용한 것은 아니고, 훗날 철학적 의미가 굳어졌다는 설이 있습니다. 플라톤이 그

린 '이데아'란 과연 무엇일지, 호기심이 샘솟지 않나요?

《이와나미 철학·사상 사전》에서는 이데아를 '각자가 있는 그대로의 모습 그 자체'라고 설명하고 있습니다. '본질적인 진실의 존재'라고도 말할 수 있겠지요.

쇼펜하우어는 이데아만이 모이는 이데아의 고향 '이데아계'의 존재 여부에 대해 '본질적 세계=이데아계'가 존재한다고 믿어, 이데아계의 가상에 불과한 개체의 죽음을 그다지 중요하게 생각하지 않았습니다. 쇼펜하우어는 이상적인 사생관을 보여준 선인 철학자로 의외로 중세 철학자 조르다노 브루노[제10장]를 꼽고 있습니다.

반면 니체는, 죽음을 배제하였으며 개체가 오로지 원환 모양 속에서 계속 살아가는 '영원 회귀'의 사생관을 주장했습니다. 그는 현실의 배후에 있다고 여겨지는 이데아계와 같은 세계는 상정하고 있지 않습니다. 쇼펜하우어처럼 이데아계를 긍정적으로 보면 현실적 육체는 부차적인 존재가 되어 그다지 중요해지지 않습니다. 그에 반해 니체는 현실의 육체, 신체성을 전적으로 긍정하였습니다.

영화 <인스턴트 늪>의
완벽하게 구부러진 못

철학적인 의미에서 '이데아'란 단순한 모습과 형태를 초월한 '본질적이고 진실한 존재'를 가리키는데, 그것은 도대체 무엇을 의미할까요?

여기에서는 다음과 같은 방법으로 '본질적이고 진실한 존재'를 파악해 보려고 합니다.

우선 우리 눈앞의 현실을 바라봅시다. 예를 들어 여러분의 눈앞에 있는 책상은 '완벽한 책상'인가요? 무엇을 '완벽'하다고 할지에 대한 문제가 있지만, 그 부분은 깊게 묻지 않겠습니다. 아마도 그렇지 않을 것입니다. 흠집이나 얼룩, 저렴한 소재 등이 눈에 들어오겠지요. 그렇게 다양한 점이 신경 쓰이기 시작하면 끝이 없습니다. 그렇습니다, '완벽'한 것은 이 세상에 어디에도 없는 것이죠. 많든 적든 모든 일에는 '아쉬움'이 저주처럼 얽혀 있습니다.

그러면 이제 '완벽한 것밖에 없는 세상'을 상상해 봅시다. 거기에는 나무랄 데 없는 완벽한 책상이 있고, 그 앞에는 완벽한 의자가 놓여 있고, 거기에는 여드름이나 기미가 없는 완벽하게 아름다운 인간이 앉습니다. 그런 이상적인 세계를 상상해 보는 것이죠.

그런데 아름다운 존재만이 이데아계의 존재라고는 할 수 없습니다. 예를 들어 미키 사토시 감독의 영화 <인스턴트 늪>2009에는 여주인공이 어렸을 적 발견한 '완벽하게 구부러진 못 녹슨 정도나 구부러진 모양이 이상적인 못'이 등장하고, 이 못의 완벽함을 '이해하는지 이해하지 못하는지'가 여주인공이 친구를 선택하는 판단 기준이 되고 있습니다. 이데아계에는 완벽하게 구부러지지 않은 못도 있고, 구부러진 못의 완벽함도 있는 것입니다.

이데아계_{이상적이고 완벽한 세계}가 존재한다는 전제이므로 '이상적으로 구부러진 못'의 개념을 다른 사람과 공유할 수 있습니다. 이는 매우 이해하기 쉬운 비유라고 생각합니다. '구부러진 못'에도 이상적인 모습이 있다는 말이지요. 다시 말해 사물에는 각각 완벽하고 이상적인 모습이 있고, 그 완벽한 모형이 존재하는 세계가 이데아계입니다.

다음으로 이데아가 모인 세계가 현실 세계와는 다른 차원으로 존재한다고 가정해 봅시다. 궁극적인 존재나 진실로서의 이데아계가 상위에 있고, 현실은 그의 열화된 모조품이라는 서열이 생깁니다.

그에 따라 '죽음'의 의미도 크게 달라집니다. 쇼펜하우어의 지극히 염세적인 사생관_{제2장}은 역시 이데아론을 기반으로 하고 있기 때문에 탄생한 사상임을 알 수 있습니다. 이데아에 너무 무게를 두면, 현실 세계에서의 죽음은 실수로 복사한 용지의 무게만큼 가벼워지고 맙니다.

이데아를 그린
베스트셀러 《소피의 세계》

　　　　　조금 더 알기 쉽게 생각해 봅시다.
최근 라이트노벨 장르에서는 '다른 세계로 환생'하는 이야기
나 '다른 세계에서 떨어진 완벽한 미소녀' 이야기가 일반화

되었습니다. 우리가 살고 있는 안타까운 현실과는 달리, 틀림없이 다른 차원에 이데아의 세계가 존재한다는 신념이 사춘기 시절의 좌절이나 정체성 위기로부터의 도피와 상성이 좋기 때문일지도 모릅니다.

라이트노벨과 이데아론의 상성이 좋다면, 이데아 세계와 현실을 크로스오버시킨 판타지 소설이 나와도 재미있겠다는 생각이 들지 모르겠네요. 하지만 그런 책은 이미 출간되었습니다. 1990년대에 세계적인 베스트셀러가 된 요슈타인 가아더Jostein Gaarder의 《소피의 세계Sophie's World》입니다.

《소피의 세계》는 '이데아의 세계'에 살고 있는 소녀 소피가 현실 세계의 자기 분신과 만나는 이야기로, 그 과정에서 다양한 철학자들의 사상을 접할 수 있는 '철학 판타지 소설'입니다. 이데아계의 주민 소피는 '죽지 않는' 존재지만, 현실 세계에 사는 힐데는 나이가 들어 언젠가는 죽고 맙니다.

픽션과 이데아론을 그대로 중첩시켜도 되는지 따지기 시작하면 끝이 없지만, 이데아론을 이미지화할 때 좋은 참고가 되는 책입니다.

독배를 단숨에 들이켠
소크라테스의 사생관

그렇다면 이데아의 사상은 어디에서 탄생하였을까요?

우리는 단순한 그림자이며, 본질의 세계가 어딘가 다른 차원에 보편적으로 존재한다는 이데아의 사고방식은, 소크라테스의 제자 플라톤의 사상입니다. 플라톤의 작품 대부분은 소크라테스를 주인공으로 삼고 있는데, 소크라테스는 저작을 남기지 않았기에 소크라테스와 플라톤 사상의 명확한 경계선은 유감스럽게도 잘 알려지지 않았습니다.

소크라테스의 '무지의 지=인간은 아무것도 모른다는 사실을 깨닫는 것이 중요하다'라는 말에 비해 플라톤은 '진실의 세계=이 세계와는 다른 진실의 세계가 있다'라는 이데아론을 말했다는 점에서 두 사람의 사상은 이질적으로 여겨지기 쉽고, '스승에 반박하는 플라톤'이라는 문맥으로 말하는 연구자도 있습니다.

그러나 소크라테스가 처형당하기 직전에 제자들과 나눈 대화를 담은 《파이돈Phaidon》을 읽어보면, 확실히 거기에

이데아론의 씨앗이 있다고 느낄 수 있습니다. 플라톤이 그리는 소크라테스가 정말 진정한 소크라테스라는 보장은 없지만요.

《파이돈》에 따르면 소크라테스는 '영혼 불멸'을 믿었습니다.

'다시 살아나는 일도, 산 사람들이 죽은 사람으로부터 생겨난다는 것도, 죽은 사람들의 영혼도 모두 정말로 존재한다네.'

《파이돈》

'그러면 죽음을 받아들이지 않는 것을 무엇이라고 부르겠는가?'
'불멸이라고 부릅니다.'
'영혼은 죽음을 받아들이지 않는가?'
'받아들이지 않습니다.'
'그렇다면 영혼은 불멸하는 것이로군.'

《파이돈》

소크라테스는 이 대화편에서 철학자는 죽은 뒤 '지혜로운 신의 세계'에 갈 수 있다고 말하고 있습니다.

'지혜로운 신의 세계'로 가는 법
- 죽음을 배우는 수업

소크라테스에 따르면, 사람은 죽으면 하데스죽은 자의 나라. '하데스'는 지하 세계를 다스리는 신의 이름인 동시에 죽은 자의 나라 그 자체를 가리키기도 한다로 가는 자와 '지혜로운 신의 품순수하게 지혜와 만날 수 있는 세계으로 가는 자'로 나뉘어, '철학하고 있는지, 철학하고 있지 않은지'로 사후의 목적지가 결정된다고 말했습니다. '불멸의 영혼'과 '지혜로운 신지혜의 신'의 세계. 이들을 통합시키면 어렴풋이나마 이데아의 세계가 보입니다. 플라톤은, 스승 소크라테스가 사후에 향했다는 세계를 떠올리며 그곳에서 '이데아계'를 발견했을 가능성도 부정할 수 없습니다.

그렇다고 하더라도 소크라테스가 저승의 분기점에 신앙이 아닌 '철학'을 놓아두었다는 점이 놀랍습니다. 스스로 생각을 잘하는 사람이 지혜로운 신에게 갈 수 있다, 즉 옳고 그름이 아니라 스스로 집중해서 생각하는 연습철학하는 노력을 했는지, 하지 않았는지가 결과적으로 갈림길이 되는 것입니다.

이에 대해 《파이돈》에서는 다음과 같이 설명하고 있습니다.

> '이 연습이야말로 올바르게 철학을 하는 것과 다름없고, 그것은 또한 기꺼이 죽음을 연습하는 것과 다름없다네. 그러니 이 모든 것은 죽음을 연습하는 것이 아니겠는가.'
>
> 《파이돈》

마찬가지로 《파이돈》에서는 '영혼이 정화된 자', '배움을 사랑하는 자'도 신들의 종족에 속할 수 있다고 말하고 있습니다. 어쩌면 이것은 소크라테스가 죽기 직전, 자신이 세상을 떠난 후에도 사람들이 계속해서 철학에 힘쓰도록 만든 장대한 장치일지도 모릅니다. 혹은 죽음에 이르는 자신에게 보내는 응원일 수도 있겠지요.

그렇다면 '지혜로운 신의 세계' 이외에, 소크라테스는 사후 세계를 어떻게 생각했을까요? 소크라테스의 증언을 조금 더 세밀하고 구체적으로 살펴봅시다.

다음의 일러스트는 《파이돈》에 나오는 소크라테스의 여러 증언을 바탕으로 고대 그리스의 '저승의 겨냥도'를 상상하며 그린 그림입니다.

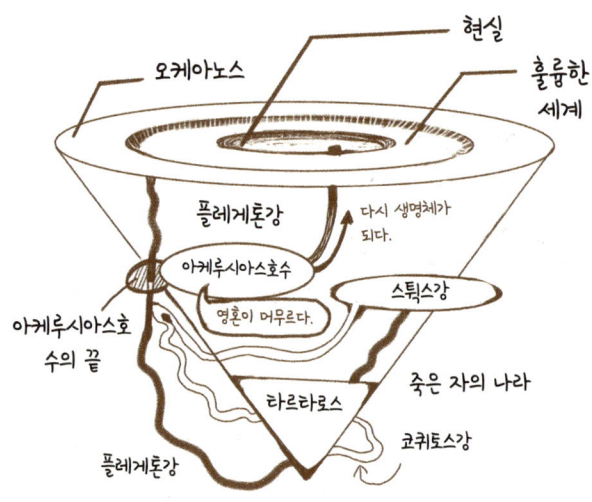

소크라테스에 의한 '저승 겨냥도' (플라톤 《파이돈》)

'우리는 대지의 구덩이현실에 살고 있다', '진정한 대지는 보석으로 장식된 세계멋진 세상', '가장 바깥쪽에 흐르는 물=오케아노스', '아케론강을 지나 아케루시아스호수에 다다른다아케루시아스호수는 죽음 사람이 윤회할 때까지 잠시 쉬어가는 장소', '스튀기오스라는 토지에서 공포의 호수 스틱스가 형성된다', '아득히 먼, 지하와 같은 깊은 구멍=타르타로스유동체', '타르타로스 아래로 흘러드는 강=사람들은 활활 타오르는 불꽃이라고 부른다' 등의 단서가 《파이돈》에 기록되어 있습니다.

우리가 살고 있는 세계는 어디까지나 '구덩이'이며, '진정한 대지'에는 보석으로 장식된 멋진 인간들이 살고 있다는 이상향을 마음에 담고 있었던 소크라테스. 그 '멋진 세상=진정한 대지'는 플라톤의 이데아론을 떠올리게 하지 않나요?

또 이렇게 그림으로 표현해 보면 알 수 있겠지만, 르네상스 시기의 이탈리아 화가 보티첼리Sandro Botticelli, 1445~1510가 단테의 《신곡》에 깊이 공감하고 감명 받아 그린 <지옥의 지형도>114쪽 참고와 구조가 비슷합니다. 그리스 세계가 떠올린 저승의 구조는 후대에도 크게 영향을 미쳤다고 말할 수 있지요.

보티첼리의 〈지옥의 지형도〉 (public domain)

소크라테스의 최후

소크라테스의 사생관은 '영혼 불멸'과 '지혜로운 신의 세계'로 향한다는 것인데, 그렇다면 실제로 그는 어떤 최후를 맞이했을까요?

소크라테스는 생전에 정치인, 시인, 장인을 만나면서 그들은 스스로 지혜롭다고 생각하지만 실제로는 그렇지 않다는 사실을 깨달았습니다. 다시 말해 오직 신만이 지혜로우며, 다른 사람들은 스스로 박식하다고 생각하지만 실은 그렇지 않다는 것이죠. 그에 반해 '아무것도 모른다'라는 사실을 알고 있는 무지의 지 소크라테스가 인간 중에서는 그나마 사물을 알고 있다고 확신했던 것입니다.

그러나 그 확신은 다른 사람들에게 오만하게 느껴졌을 것입니다. 소크라테스는 청소년에게 해로운 영향을 끼쳤다며 청년을 타락시키고 국가가 인정하는 신이 아닌 다른 신령을 인정했다는 두 가지 죄, 유죄가 되어 사형을 선고받았습니다. 사형 선고를 받은 소크라테스에게 제자들이 도망 계획을 제안했지만, 소크라테스는 굳이 도망치지 않았습니다. 그는 사형을 위해 준비된 독약을 다 마시기 전에 이렇게 기도합니다.

'이승에서 저승으로의 이주에 행운이 있기를. 이것이 내가 기도하는 바이니 나의 기도가 이루어지기를 바라네.'

《파이돈》

소크라테스

Socrates, BC 470~BC 399

❖

플라톤의 스승.
신념 때문에 깨끗하게 죽음을 택했다.

소크라테스는 지금까지 말한 '죽음 준비 활동'의 실천자이기도 했습니다. 처형당한 이후 다른 사람에게 자신의 '유해를 씻기는' 수고를 맡기지 않기 위해 미리 목욕을 마칠 정도로 준비성이 철저한 성격인데, 심지어 그의 유언에서도 그 꼼꼼한 성품을 느낄 수 있습니다.

'크리톤, 우리는 아스클레피오스에게 수탉 한 마리를 빚지고 있다네. 그러니 그것을 잊지 말고 반드시 갚아 주기를 바라네.'

《파이돈》

죽기 직전에도 빚진 수탉 한 마리를 갚기 위해 신경 썼던

정직한 소크라테스. 그는 이 '죽는 방식'을 통해 '어떻게 살아가야 할지'를 행동으로 보여준 철학자이기도 했습니다.

플라톤의 물음에
아직 답하지 못한 현대인

다시 이데아 이야기로 돌아가서, '이데아론이란 옛날 그리스인의 상상 속 산물 혹은 판타지 이야기일 것이다'라고 대수롭지 않게 봤다가는 낭패를 볼지도 모릅니다.

왜냐하면 '세계란 무엇인가?', '우리는 왜 존재하는가?'라는 물음에는 오늘날에 이르러서도 아무도 답을 내놓은 사람이 없기 때문이지요. 고대 그리스에서 현대에 이르기까지 발전하고 있는 듯 보이지만, 이러한 근본적인 물음에 대한 대답은 아직 찾지 못한 것입니다.

그리고 그것을 다시 철학적인 '물음'으로 재설정한 인물이 20세기 최대의 철학자로 평가받는 하이데거였습니다.

하이데거의 주요 저서 《존재와 시간Sein und Zeit》의 서문에서는 플라톤의 대화편 <소피스테스Sophistes>를 인용하고 있습니다 '그대들이 존재한다는 말을 사용할 때, 도대체 그대들은 무엇을 의미할 것인가'. 하이데거는 서두부터 '존재'에 대한 물음을 추구한다고 밝히고 있는 것이지요.

또한 하이데거는 플라톤의 철학 용어 '분유分有, 나누어 가지다'를 사용하고 있습니다. '분유'는, 예를 들어 '아름다움의 이데아를 공유하기 때문에 저 소녀는 아름답다'라는 식으로 사용하며 이데아가 먼저 있고 그다음에 개개인의 특성이 있다는 사고방식입니다. 다시 말해 이데아의 사상은 끊임없이 계승되고 있는 것입니다.

소크라테스에서 플라톤으로 그리고 유구한 시간을 뛰어넘어 답가를 쓴 인물이 하이데거입니다.

다음 장에서는 하이데거가 제시한 '새로운 사생관'을 파고들어 봅시다.

죽음이란 무엇인지 생각해 볼 때가 되었다

4장

'엄밀한 현상학의 스승'
후설

vs

'서양 철학을 새롭게 한'
하이데거

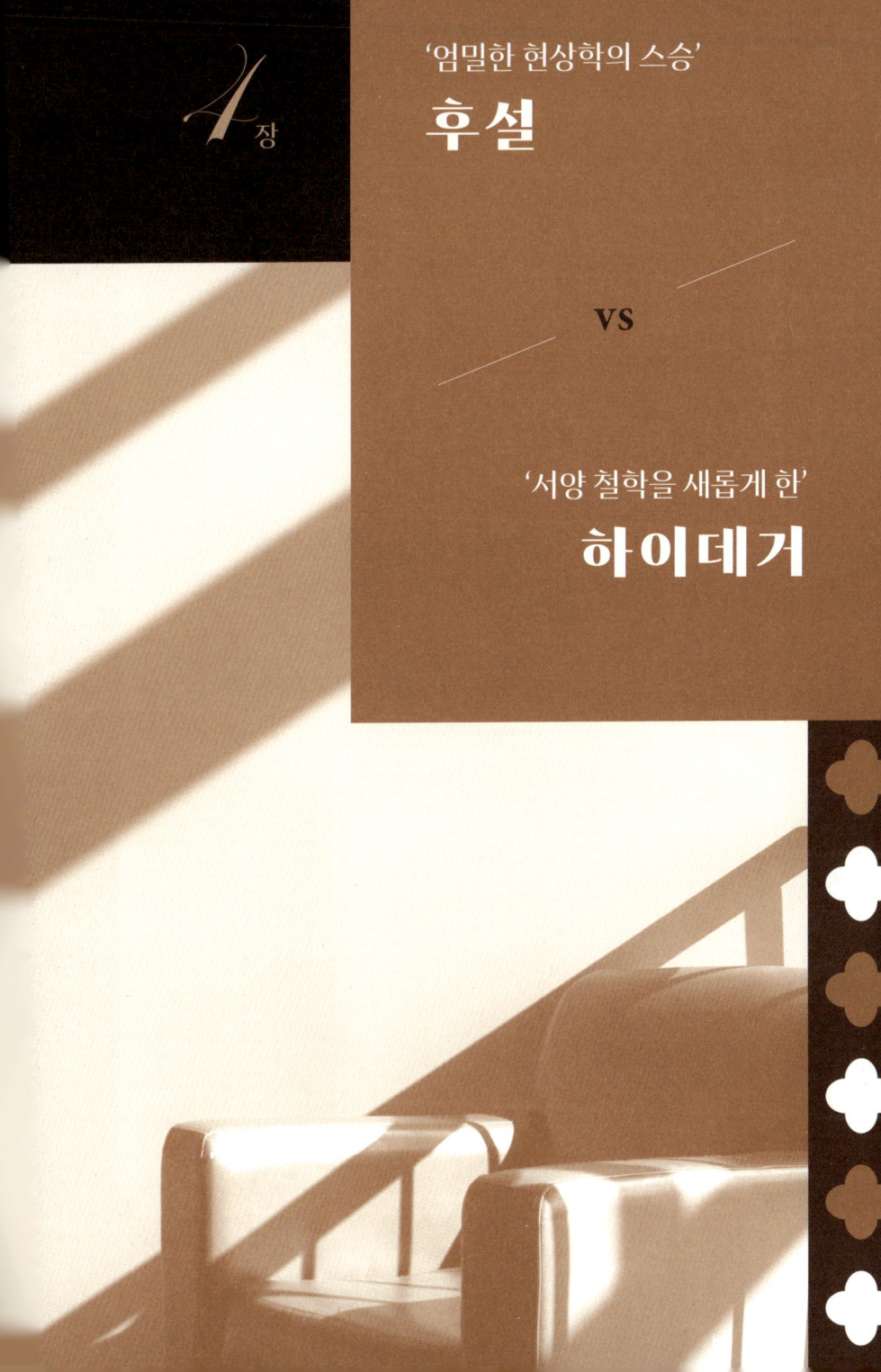

에드문트 후설

Edmund Gustav Albrecht Husser, 1859~19385

독일의 철학자이자 현상학의 창시자.
<수의 개념에 대하여 – 심리학적 분석>이라는 논문으로
교수 자격을 얻는다. 현상학이란 '어디까지나 경험 안에
지식의 원리로서 기능하는 원형을 찾는 사건 그 자체로'
철학을 말한다.

하이데거 입문은
후설부터

　　　　　　　　　이데아의 사상을 계승하여 플라톤에게 답가를 썼다는 하이데거의 사생관은 균형감 있게 정리되어 있습니다. 니체처럼 '뜬금없는 극단론'에 빠지지는 않습니다만, 하이데거를 이해하기 위해서는 몇 가지 관문을 거쳐야 합니다. 하이데거의 저서 《존재와 시간》의 서두에 '후설에게 바친다'라는 헌사가 기록되어 있으니, 우선은 후설의 철학부터 시작해야 할 필요가 있습니다. 실제로 하이데거는 후설의 조수로 지냈던 경력도 있습니다. 그래서 조금 돌아가는 것처럼 느낄지도 모르지만, 스승 후설을 경유하여 하이데거의 사생관을 살펴봅시다.

우선 후설의 철학인 현상학은 도대체 어떤 철학일까요? 후설 이전의 철학은 사물의 본질을 파악하려고 했지만, 후설은 사고의 방향을 엄청나게 전환해 '본질'이 아니라 그것을 이해하려는 '경험'에 대해 물었습니다.

그 차이점은 고찰의 대상이 전혀 다르다는 점입니다. 예를 들어 사생관에 대해 생각할 때도 죽음의 본질을 파악하려는 철학에서 죽음이라는 경험을 밝혀내려는 철학으로 전환된 것입니다.

그러나 갑자기 죽음의 체험을 대상으로 하여 현상학적으로 생각하기란 어려우므로, 예를 들어 보다 가까이에 있는 '노동'을 후설의 방식으로 생각해 봅시다. 이때 철학자가 '노동의 본질이란 무엇인가'에 대한 논의를 계속해도 세상은 아무것도 변하지 않는 상황이라고 가정하고, 거기에 현상학적인 관점을 도입해 봅시다. 이때 노동의 본질은 알 수 없으므로 그에 대해서는 일단 판단을 중지하고에포케, epoché, 시급 만 원으로 노동을 체험했다고 합시다. 그 체험을 통해 나타나는 자기 내면의내재적 의식으로 상황을 살펴보자는 의미입니다.

경험자의 의식 자체에 초점을 맞춘다면 정체를 일으키고 있던 상태를 일단 교통 정리할 수 있습니다. 에포케의 개념을 조금 더 신중하게 생각해 보면, 《이와나미 철학·사상 사전》에서는 후설의 '에포케^{고대 회의주의의 에포케와는 구별됩니다}'를 다음과 같이 정의하고 있습니다.

> 후설에 따르면 자연적 태도에서의 일반적 정립^{보편적 존재 신념}의 스위치를 끄고, 대상에 관한 존재 규정을 '차단'하고, 그 존재 성격을 '괄호 안에 넣는' 것이 에포케이며, 그로 인해 순수 의식의 영역, 정확히 말하자면 '세계와 세계 의식의 보편적 상관관계'라는 새로운 탐구 영역이 열린다.
>
> 《이와나미 철학·사상 사전》

어떤 대상^{사물이나 사건, 인물 등 무엇이든}을 마주했을 때, 사람은 대부분 '이것은 이런 것이다'라는 생각을 수반하고 그것이 무엇인지를 판단합니다. 자동 운전 기능이 있는 자동차를 타고 있는 것과 같지요^{이것은 자동으로 움직이는 자동차이니 내버려 두면 마음대로 움직이겠지}. 이러한 인식 메커니즘을 당연하게 생각하지 않고, 한 번 더 새로운 시선으로 다시 바라보는 '순수 의식'의 철학, 그것이 후설의 현상학입니다. 이것은 피로도가 적은 자율주행 자동차에서 수동변속 자동차로 갈아타는 것과 같아 익숙하지 않겠지만, 익숙해지면 더 섬세한 운전으로 확신을 가지고 철학적으로 사고할 수 있습니다.

구체적으로 생각해 봅시다. 갑자기 길에 살아있는 펭귄이 버려져 있다고 가정합시다. 이에 관해 에포케의 태도로 임해보겠습니다. 왜 여기에 펭귄이 있을까? 이 펭귄은 어떤 종일까? 애초에 펭귄이란 무엇일까? 일단 모든 사고의 스위치를 끄고 판단 중지=에포케, '의식 속의 펭귄'에 초점을 맞추는 것입니다.

다음에는 이런 태도로 '죽음'을 바라보도록 합시다. 지금까지의 철학과 대상이 달라진 것이 보이지 않나요? 죽음이라는 것의 본질을 파악할 수 없음과 동시에 인식할 수 없고, 전제 지식이 거의 없다는 것을 깨달았나요? 이 전제가 바로 하이데거가 《존재와 시간》을 후설에게 바친 이유일 것입니다. 이것이야말로 죽음을 철학적으로 사고할 때의 새로운 '단서'가 되지 않을까요? 그동안 '죽음'에 관한 철학은 토대가 흔들려 자칫 신화나 이야기의 반복되는 수정 작업처럼 느껴지기도 했습니다. 구름을 잡는 것 같았던 '죽음'에 관한 철학에 일시적이지만 '토대'를 마련했다는 느낌이 듭니다.

그러나 의식을 자신의 경험에만 집중하다 보면, '세상'은 순수 의식이 보여주는 서커스처럼 개별적으로 흩어져 있을 뿐이라고 생각하기 쉽습니다.

여기에서 후설은 '간주관성 intersubjectivity'이라는 개념을 사용하여 객관성을 확보하려고 하였습니다. 어려운 말이지만, 타인의 신체에 감정 이입함으로써 '나와 당신은 모두 같은 세계를 살고 있다'라는 세계 인식을 성립시키는 구조입니다. 더 어려워 보이지만, 지금부터 구체적인 사례로 저의 경험을 이야기해보려고 합니다.

캐리커처 그리기의 '간관주성'이란?

저는 원래 다른 사람과 같은 세계를 살고 있다고 확신하지 못하는 아이였습니다. 외동아들이어서 그랬을 수도 있습니다. 자영업을 하시는 부모님과 주위 어른들이 항상 바쁘게 일하셨기에 혼자 노는 시간이 많았습니다. 학교에 가도 혼자만의 세계에 쉽게 빠지고, 같은 반 친구들보다 책 속에 나오는 가상의 인물 '빨간 머리 앤'이나 '말괄량이 삐삐'가 더 가까운 존재처럼 느껴졌습니다. 그러다 보니 비대해진 의식 탓에 늘 현실 세계가 희석되어 간다고 느꼈고, 의사소통 능력이 형편없이 나빠졌습니다.

그랬던 제가, 현실 세계와의 연결을 확인하기 위해 취한 수단은 '캐리커처 그리기'였습니다. 제 의식 속에 침입한 '타인의 신체', 그 상징인 '얼굴'을 그려 상대에게 보여주면, 상대방은 기뻐하거나 실망하는 등 다양한 반응을 보였습니다. 저의 순수 의식이 만들어 낸 상대방의 얼굴 그리기를 통해 다른 사람에게 감정 이입하는 즉흥 캐리커처는, 상대방과 제가 같은 세계를 살고 있다는 것을 확인하는 작업이 되었습니다.

캐리커처를 그리기 시작했던 어린 시절에는 이런 현상학의 이치를 깨닫지 못했지만, 그때부터 느꼈던 점을 정리하여 현상학적 언어로 표현하자면 앞에 서술한 바와 같을 것입니다.

또한 인지과학 연구에 따르면 인간이 얼굴을 인지하는 과정에는 다음과 같은 메커니즘이 있다고 합니다.

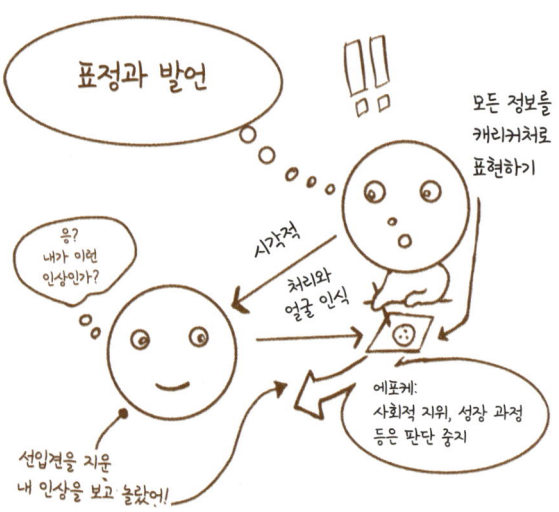

현상학적으로 본 '캐리커처 그리기'라는 행위

제일 먼저 지각된 '얼굴'의 구조적 정보를 처리하는 과정이 시작됩니다구조적 부호화. 이 과정에는 '관찰자 중심의 기술'과 '표정이란 독립적인 기술'이라는 두 단계가 있습니다. 전자는 '얼굴'의 각도나 표정이 나타난 그대로 기록되고, 후자는 그러한 발현에 영향받지 않는 형태적 특징이 추출됩니다. 이 구조적 부호화를 통해 그 대상이 '얼굴'이라는 인식이 이루어지고, 이어서 인물 식별과 표정 분석의 과정이 시작됩니다. 그 가운데 인물 식별은 구조적 부호화의 두 단계에서 '얼굴 인식 유닛'을 거쳐 인물의 이름 생성에 이르는 것이지요. 그에 반해 표정 분석은 인물 식별에 이르는 과정과는 독립적으로 구조적 부호화 속 관찰자 중심의 설명에서 출발하여 수행되는 과정으로, 관찰된 인물이 표출하는 감정의 이해나 나이, 성별, 인종 등의 추정, 시선의 방향 탐지, 입술의 움직임에 따른 발화 해석이 이루어집니다.

《'얼굴'의 미디어론》, 니시 켄지

이 인지 과정에 '캐리커처 그리기'를 적용하고, 현상학적인 관점을 더하면 '캐리커처 그리기'의 행위를 이해할 수 있습니다.

이러한 과정을 반복하여 탄생하는 한 장의 캐리커처와 '보람'을 교환합니다. 이 확인 작업은 오랜 기간 저 자신을 위해 꼭 필요한 작업이었습니다.

그리고 대학 졸업과 동시에 프로 캐리커처가 되어 다양한 사람들의 얼굴을 그렸습니다. 기본적으로 예약 없이 찾아오는 손님을 그리기 때문에 거기에는 인생에 단 한 번뿐인 재미와 애틋함이 있었습니다. 초면이다 보니 상대방의 사회적 지위나 직함, 성품도 알지 못합니다. 반면 '얼굴'이라는 가장 사적인 것에 의식을 집중하여 정보를 얻는 것, 그 순수 경험 자체를 시각화하는 것, 이것만큼 재미있는 일도 드물다고 생각할 정도로 재미있었습니다.

캐리커처 화가에게 날아든 영정 의뢰

주로 쇼핑몰 통로에 마련된 작은 공간에서 캐리커처를 그렸기에 다양한 손님을 접했는데, 그중 가장 특이한 케이스로 '영정을 그려달라'라는 의뢰를 유족에게 받은 적이 있습니다.

영정은 본래 사진으로 해도 좋을 텐데, 유족들은 왜 그런 주문을 하는 걸까요?

당연하지만, 영정을 캐리커처로 그리는 것은, 이제 이 세상에 존재하지 않는 인물의 얼굴을 제삼자인 캐리커처 화가가 그 '신체 시각적 처리'를 통해 그리는 행위입니다. 가까운 사람이 세상을 떠나면, 유족들은 '고인은 사실 죽지 않은 것이 아닐까? 곧 돌아올지도 몰라'라며 의식 한편으로 고인이 살아있을 때의 일상과 좀처럼 구분하기가 어려운 것 같습니다. 여기에는 후설이 말한 '간주관성'의 성립이라는 요소와 깊은 관련이 있다고 생각합니다.

고인과는 인연도, 관계도 없는 제제삼자가 고인의 사진이나 에피소드를 힌트 삼아 영정을 그리는, 그 과정을 통해 의뢰인유족은 '소중한 사람이 없는 세계'를 재인식하는 것입니다.

조금 난해한 표현이지만, 다른 사람여기에서는 캐리커처 화가이 사건가족의 죽음에 개입함으로써 '간주관적 세계'가 성립하여, 의뢰인은 '아, 이제 그 사람은 돌아오지 않는구나'라며 가까운 사람을 잃은 세계를 받아들이기 쉬워지는 것입니다. 위의 일러스트는 이 과정을 보여주고 있습니다.

그런데 최근에는 장례, 영결식, 법회 등의 전반적인 장송이 눈에 띄게 소규모화되고 간소화되었습니다. 밤샘이나 영결식 없이 직접 화장장으로 시신을 옮겨 화장만 하는 '직장直葬'도 드물지 않게 되었지요.

장송 의례가 중요한 이유는, 사람에게는 종교적 의미 외에도 이러한 '간주관성 세계'라는 관념이 필요하기 때문입니다. 유족은 승려나 참석자 등 다른 사람의 신체에 감정 이입함으로써 비로소 고인이 없는 세계를 수용할 수 있게 되는 것입니다.

'죽어보는' 것은 불가능하다

후설의 현상학이 철학적 관점^{인식론}에서 갖는 의미는 헤아릴 수 없을 만큼 큽니다. 후설 이전의 철학은, 간단하게 말하면 인간의 정이나 감정 feeling 등을 존중하며, 불안정하고 애매한 것을 논술^{인식}의 발판으로 삼고 있었습니다. 모호함 속에서 '순수한 의식'을 추출하고, 그를 바탕으로 철학이라는 영역을 대대적으로 리모델링한 것이 후설의 현상학이라고 할 수 있지요. 따라서 후설이 재정비한 토대를 발판으로 사생관을 다시 세워야 합니다.

그렇습니다! '세상이란 도대체 무엇일까? 어떻게 증명하면 좋을까?', '죽음의 의미란 무엇일까?'라는 장대한 존재론적 문제에서 철학적 사고를 출발시켜 버리면, 사람의 죽음을 고찰하지 못합니다. 존재론에서 인식론으로 전환해야 하는 것이죠.

그래서 모두 '일시 정지 버튼^{에포케}'을 누른 채 순수 의식에 집중하면 문제 크기에 압도되어 앞으로 나아가지 못하는 상태를 피할 수 있고, 인간의 의식이 죽음에 어떻게 마주해야 하는지를 알 수 있습니다.

여기에서 드디어 후설의 다음과 같은 말이 중요하게 다가옵니다.

> 우리는 현상을 주어지는 대로 받아들여야 한다.
>
> 《엄밀한 학문으로서의 철학Philosophie als strenge Wissenschaft》

후설의 현상학을 전제로 하이데거가 수행한 철학적 작업은 '인간'이라는 존재 자체를 뿌리부터 다시 규정하는 것이었습니다. 후설의 현상학은, '당연'하다고 생각한 것의 '당연함'을 철저하게 폐기해 가는 것을 목표로 합니다. 하지만 '죽음'에 관해 현상학적인 태도로 임할 때의 문제점은 '일단 죽어보는' 실험이 '불가능'하다는 것입니다. 다시 말해 죽음을 '순수 경험'을 할 수 없는 것이지요.

마르틴 하이데거

Martin Heidegger, 1889~1976

독일의 철학자.
주요 저서는 《존재와 시간》. 후설의 영향을 받았다.

하이데거의 특수한 인간관
=현존재

조금 길었던 '후설 입문'을 마치고 이제 하이데거의 세계로 발걸음을 옮겨 봅시다.

하이데거는 현상학을 통해서만 '존재론'이 가능하다는 조건을 달았습니다. 그런 점에서도 현상학의 중요성을 이해할 수 있습니다. 하이데거는 거기에서 한 걸음 더 나아가 논의를 전개하였습니다.

이때 키워드는 '은폐'와 '매몰'입니다. 다시 말해 사상사물의 배후에는 '다른 것'이 숨겨져 있는 패턴은폐과 보이기는 하지만 다른 것과 섞여 그 특이성을 알 수 없게 된 패턴매몰

이 있다는 것입니다. 하이데거에 따르면 현실 세계의 사상은 후설이 상정한 현상학적 세계보다 더 복잡하다고 할 수 있습니다. 하이데거는 스승 후설의 시점을 답습하는 동시에 비판적인 관점을 갖추고 보다 깊은 경지로 가려고 하였습니다.

어렵게 느껴지나요? 쉬운 예를 들어보겠습니다. '인간'과 '죽음'을 생각했을 때, 눈에 보이는 것과는 다른 '무언가'가 배후에 숨겨져 있다는 것을 설명하기 위해 하이데거는 고민하였습니다. 예컨대 '인간'의 경우 '가위', '벌레', '경기장'과 비교했을 때 배후에 숨어 있는 의미를 이해하기가 어렵습니다. 용도도, 최종 목적도 알 수 없지요.

'죽음' 역시 '운동회', '결혼식' 등처럼 가시화되는 사상과는 다른 차원의 사상이며, 하이데거는 거기에 숨겨진 '무언가'를 파헤치기 위해 엄숙하게 철학을 전개한 것입니다.

현대에 '죽음'을 묻는 하이데거 철학

하이데거가 '20세기 최고의 철학

자'라고 불리는 이유는 무엇일까요? 아마도 소크라테스나 플라톤의 시대와 거리가 먼 시대, 영혼 불멸이나 저승세계에 대해 노골적으로 말할 수 있는 시대가 아닌 20세기에 인간의 '죽음'에 관한 문제에 과감히 맞섰기 때문일 것입니다.

니체는 그리스도교를 타파하기 위해 '독자적인 신화《차라투스트라는 이렇게 말했다》'를 편찬하며 맞섰습니다. 반면 하이데거는 창작에 의존하지 않고 현상학적 토대에서 '죽음'을 철학적 '물음'으로 생각하였습니다.

하이데거는 죽음이라는 사건에 대해 신화나 이야기가 아니라 명쾌하게 철학적인 답변을 내놓았습니다. 그 대답은 '죽음을 선구하는 것.' 하이데거는 죽음을 앞에 두고 생각한다면 진정본연성한 자신이 될 수 있다고 말했습니다. 그러나 세상의 많은 사람이 그로부터 도망치고 있다고 그는 생각했습니다.

이때 동시에 '죽음을 앞에 둠으로써 얻을 수 있는 진정한 자신이란 무엇일까?'라는 의문이 들지도 모릅니다. 하이데거는 이에 대답하지 않았습니다. 그렇지만 사생관에 대하여 일단 평평한 상태로 돌아가, 원점에서 철학적 물음을 던진다는 점에 하이데거의 중요성이 있습니다. 그리고 무엇보다 그것을 가능하게 한 것이 앞에서 설명한 현상학적 관점이었습니다.

'세계 속에서 살아가고 있다(세계 내 존재)'란?

여기에서 다시 후설을 떠올려 봅시다. 후설의 현상학적인 시점을 가진 채 세계와 인간^{하이데거가 말하는 '현존재'}의 관계를 생각하고, 그 배후에 숨어 있는 두 가지의 관계를 한층 더 파고들어 봅시다. 그러면 '세계 속에서 살아가고 있다'라는 느낌 자체가 쇄신된 것처럼 느껴지지는 않나요? 하이데거는 그 감각을 '세계 내 존재'라고 표현하였습니다. 하이데거의 저서 《존재와 시간》에는 다음과 같이 기술되어 있습니다.

> 현존재를 구성하는 세계 내 존재가 공간을 개시하는 한, 공간은 오히려 세계 '안'에 존재한다.
>
> 《존재와 시간》

> 존재론적으로 충분히 잘 이해된 '주관', 즉 현존재는 공간적
> 으로 존재한다.
>
> 《존재와 시간》

'세계 내 존재'라니, 또 심오한 단어가 나왔다며 경계하고 싶어지겠지만, 그렇게 어려운 개념은 아닙니다.

이 개념의 큰 틀은 TV 애니메이션 <신세기 에반게리온>1995~96년을 참조하면 이해할 수 있을 것입니다. 마지막 회 '세상의 중심에서 사랑을 외치는 짐승'에서는 '마음의 보완'이라고 칭하며, 주인공 이카리 신지가 끝없이 '자기 이야기'를 펼칩니다. 거의 이야기 진행을 포기한 듯한 전개지요.

이 장면과 '세계 내 존재'라는 개념을 함께 생각하면, 하이데거 사상의 기반에 무엇이 있는지를 이해할 수 있을 것입니다.

애니메이션의 전반부는 신지의 자기 부정과 주변에서 날아드는 질문으로 이루어집니다.

'살아가는 게 즐겁니?', '왜 도망치면 안 돼?', '뭘 원해?'

그리고 신지는 '나는 무엇일까?'라는 근원적인 물음에 답합니다. 불안으로 뭉개질 것 같은 신지에게 여주인공 아야나

미 레이가 '세계는 네가 마음먹기에 따라 언제라도 바뀔 수 있어'라고 위로하지만, 신지는 아직 잘 이해하지 못합니다.

무대는 '아무것도 없는 세계시간도, 공간도 존재하지 않는 세계'로 전환되고, 거기에 신지만이 떠 있습니다. 그 장면은 연필로 그린 흔적이 그대로 화면에 나타납니다. 기존 애니메이션의 셀 방식까지 포기하고, 시간과 공간을 일단 리셋시킨다는 사고 실험을 하고 있지요. 아무것도 없는 백지에 오직 신지만이 떠 있습니다.

'어떤 것에도 얽매이지 않는 자유의 세계', '그 대신 아무것도 없는' 그런 세계가 화면 속에 나타납니다. 그리고 그 세계 속의 신지도 '아무것도 잡을 수 없는 상태'에 빠지게 됩니다. 만약 신지가 우리와 바뀐다면, 마찬가지로 '백지의 세계 속에서 아무것도 잡을 수 없는 상태'가 되고 말겠지요.

그때 신의 목소리처럼 신지 아버지의 목소리가 들려오고, 백지에 가로로 줄 하나가 그려집니다.

'천지가 만들어졌어.'

그렇게 주인공의 무엇에도 속박되지 않을 자유는 없어졌지만, 땅에 서서 걸을 수 있게 되었습니다. 또 목소리가 들립니다.

'세계의 위치는 항상 같지 않아.'

그리고 주위에서는 신지가 바뀔 수 있다고 격려합니다.

신지 아버지의 목소리가 속삭입니다.

'너의 마음과 그 주위의 세계가 너를 형성하고 있을 뿐이란다.'

여기에서 다시 한번 하이데거의 말로 돌아가 봅시다.

현존재를 구성하는 세계 내 존재가 공간을 개시하는 한, 공간은 오히려 세계 '안'에 존재한다.

《존재와 시간》

존재론적으로 충분히 잘 이해된 '주관', 즉 현존재는 공간적으로 존재한다.

《존재와 시간》

인간은 무언가를 생각하기도 전에 이미 그 세계에 던져져 있습니다 하이데거가 말하는 '피투성Geworfenheit'. 그것을 받아들이고 이해하면서 존재해야만 하는 것이 인간의 존재 방식이며, 하이데거는 그것을 '세계 내 존재'라고 불렀습니다.

다시 애니메이션 이야기로 돌아가 봅시다.

시간이 진행되면서 화면은 의미나 기호로 넘쳐흐르는 세계로 변용해 갑니다. 거기에 던져진 신지는 다시 자신을 알 수 없게 되어 버리지요.

하지만 신지는 마침내 깨닫습니다.

'나는 나야. 다만 다른 사람들이 내 마음의 형태를 만들고 있는 건 분명해.'

이런 신지의 깨달음에 따라 장면이 갑자기 바뀌고, 신지는 다른 세계로 날아가 버립니다. 그리고 주인공의 성격도, 주위 캐릭터의 성격도, 심지어 무대 설정도 다른 이상한 '평행 우주Parallel world'에 착지합니다. 그전까지 세계 내 존재였던 신지는 가상으로 '죽음'과 '재생'을 경험하게 됩니다. 신지는 다른 설정의 세계에서 자신에게 주어진 역할을 연기합니다. 그리고 이를 통해 자신의 결심에 따라 어쩌면 세계와의 관계성이 뒤바뀔 수 있다는 가능성도 비로소 깨닫게 됩니다. 그때까지 던져진 세계에서 수동적으로 살아가며 주변의 시선만 신경 쓰던 신지는, 마침내 자신의 의지로 세계를 받아들이고 살아갈 용기를 갖게 됩니다.

'나는 여기 있고 싶어. 여기 있어도 돼.'

사람들은 축하한다며 축복해 주고, 신지는 감사하다며 화답합니다.

그는 스스로 '본질적으로 사는' 것에 눈을 뜬 것입니다.

세계와 인간의 관계를 '있는 그대로를 바라봄현상학적인 인식'으로써 재검토하고, 나아가 존재론을 전개한 하이데거의 철학은 선입견에 사로잡힌 우리가 이해하기에는 아무래도 쉽지 않지만, 이번에는 선입견을 지운 '새로운 시선'으로 '죽음'이라는 사상을 바라보도록 합시다. 거기에는 무엇이 보일까요?

죽은 후 의식은 살아있을 때처럼 기능하지 않는다는 생각이 일반적일 것입니다. 어쩌면 다른 차원이나 다른 메커니즘에서 의식이 계속 작용할 가능성도 있지만, 그것은 현상학적인 관점 밖에 있습니다. '유령의 시점에서 보는 세계'라는, 완전히 새로운 사물의 시선을 개척한다면 또 다른 이야기겠지만요. 그러니 여기에서는 묻지 않겠습니다.

그렇다면 현상학적이고 존재론적으로 이해할 수 있는 죽음이란, '죽음 일보 직전까지'라고 할 수 있습니다. 우리 인간이 할 수 있는 일은 의식으로 파악할 수 있는 범위에서 다른 존재_{사물, 타인, 사건}와 어떻게 관계해 갈 것인지, 그 태도에 초점을 맞추어야 합니다.

죽음을 삶에 녹여내는 '선구적 결의성'이란?

하이데거의 관점에 서면, 거기에 드러나는 것은 '복불복 전골'*처럼 의미를 알 수 없는 세계에 던져진_{하이데거가 말하는 '피투'} 작은 인간의 모습입니다.

하이데거는 그중 대부분이 일상생활에 매몰된 사람_{하이데거가 말하는 '세인Das Man'}으로 살고 있다고 생각합니다. 매몰 상황에서 벗어나려면 어떻게 해야 할까요? 우선은 앞당긴 '죽음'을 받아들이는_{하이데거가 말하는 '기투'} 것을 생각해 봅시다. 인생의 마감 시한은 의외로 빨리 다가올 수도 있습니다.

* 다이쇼 시대부터 전해 내려오는 전통적인 일본 요리로, 여러 사람이 각자 서로가 모르게 준비해 온 재료를 어둠 속에서 냄비에 넣어 끓여 먹는 놀이 혹은 그렇게 해서 만들어진 요리.

이것이 하이데거 사생관에서 주축이 되는 '선구적 결의성'입니다일러스트 참고. 이것은 어디까지나 가상으로 죽고, 그에 따라 '다시 살아나는' 것에 가깝습니다. 정확히는 죽음 직전의 심정을 예측하고, 죽음을 한 번 경험한 것처럼 떠올리며 역산하여 지금의 삶을 다시 살아가기 시작하는 것이지요.

여기에서 하이데거는 수동적으로 던져진 상태를 '피투被投'라고 불렀으며, 스스로 죽음을 포함한 세계를 미리 선택한 상태를 '기투企投'라고 불렀다는 점에 주목해 봅시다.

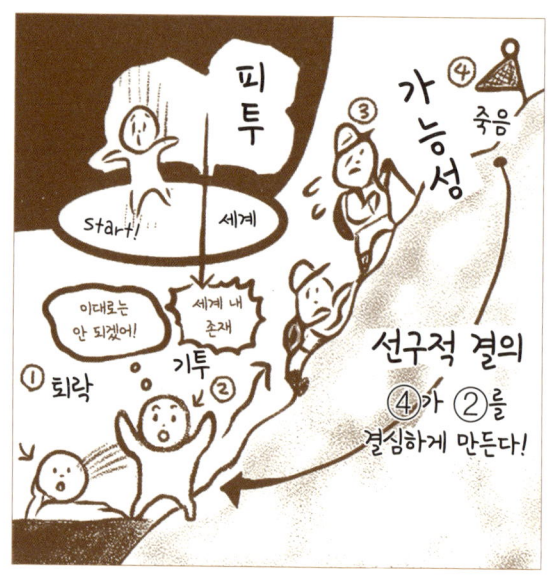

하이데거와
자기 계발의 관계

선구적인 결단을 내림으로써 바로 '원래 하고 싶었던 것'에 맞서는 용기가 샘솟습니다. 게으름을 피우며 살든 하이데거가 말하는 '퇴락'의 상태 목표를 가지고 살든, 확실한 건 모두 '죽음'을 맞이한다는 사실입니다. 그렇다면 '죽음을 선구적으로 결단하고 기투'하여 가능성에 기대해 보자는 생각이 들지도 모릅니다.

하지만 느긋하게 사는 인생도 본질적 삶의 방식 중 하나라는 것을 깨닫고, '한가롭게 사는' 것을 선택하는 방향도 괜찮다고 생각합니다.

하나의 사례로 최근 몇 년 동안 인기를 끌고 있는 린다 그래튼 Lynda Gratton의 《100세 인생 The 100-year Life》이라는 경영서를 들 수 있습니다. 이 책은 독자에게 노골적으로 개인의 성장을 목표하는 것은 '본질적'이지 않다는 깨달음을 주고, '어떻게 하면 좋을지 인생·생활의 전환'를 말하고 있습니다. 이 책이 많은 독자의 마음을 사로잡은 이유는 하이데거가 제시하지 않은 '대답'이 담겨 있기 때문일 것입니다.

《100세 인생》뿐만 아니라 수없이 출판되고 있는 자기 계발서나 '○○하면 잘될 것이다'라며 방향을 제시하는 책, 성공한 사람들의 자전 등을 하이데거 철학 너머에 있는 탐구라고 생각한다면, 이런 책들이 인기가 많은 이유도 알 것 같습니다.

하이데거가 내놓은 결론은 구체적으로 '자, 그러면 어떻게 할 것인가?', '무엇을 기준으로 할 것인가?', '무엇을 윤리로 할 것인가?'라는 요소가 부족하기 때문입니다. 언뜻 보기에는 균형이 잡힌 듯 보이지만, '윤리성 혹은 삶의 지표가 부재'하다는 점이 하이데거의 결정적인 약점입니다.

하이데거는 한때 나치에 심취해 있었는데, 그의 철학에서 윤리적 지표가 '결여'되었다는 점이 그 요인 중 하나였는지도 모릅니다. 또한 원래 하이데거의 성향이 그랬기에 철학적 관점에도 반영되었을 수 있습니다. 이는 상당히 어려운 철학적·역사적 문제이며, 당장 명확하게 결론을 내릴 수는 없지만, 어쨌든 하이데거 철학에는 결여가 있었다고 생각할 수 있습니다.

특히 '결여'를 보완할 가능성이 있는 철학 사상으로는, 하이데거처럼 후설 현상학의 관점에 서면서도 다른 사람의 '얼굴'을 전제로 하여 자기와 타인의 관계를 재구축하려고 한 에마뉘엘 레비나스1906~1995, Emmanuel Levinas, 유대인 철학자로 수용소 경험이 있다와 반反나치이자 정신 병리학자였던 칼 야스퍼스Karl Jaspers의 철학을 꼽을 수 있을 것입니다.

특히 야스퍼스 철학은 반反하이데거의 요소가 짙어, 사생관을 생각함에 있어서도 중요한 존재입니다. 이제 다음 장에서는 야스퍼스의 철학에 관해 이야기해 보겠습니다.

5장

하이데거가 그르친
'죽음의 불안을 철학한
야스퍼스

카를 야스퍼스

Karl Jaspers, 1883~1969

독일의 철학자이자 정신 병리학자.
키르케고르와 니체, 하이데거의 영향을 받았다.

하이데거가 남긴
찝찝함

앞장의 하이데거 철학을 보며 뭔가 개운치 않은 느낌이 남지는 않았나요? 하이데거의 죽음에 대한 '선구적 결의성'은, 어떤 의미에서 고전적인 사생관이라고 할 수 있기에 어디가 참신한지 공감되지 않는 측면이 있을지도 모릅니다. 그러나 그리스도를 믿으면 하나님 아래 부름을 받는다는 그리스도교권에서는 하이데거의 사생관이 참신하게 느껴졌을 것입니다.

다른 측면에서도 살펴보도록 하겠습니다. 그리스도교를 전제로 하는 혹은 그에 반하는 신화 등을 엮어낸 이야기성

중심의 철학이 촘촘히 구성되어 온 상황에서 '죽음을 목표'로 설정하고 현상학을 기초로 하여 사생관을 제시한 하이데거의 철학은 엄청난 충격을 안겨주었습니다.

그의 철학을 자동차 내비게이션에 비유하면 이해하는 데 도움이 될지도 모릅니다 일러스트 참조.

키르케고르의 사생관에서는 '죽음'을 '경유지 중 하나'로 설정하고 있으며, 목적지는 어디까지나 '신'과 '천국'이었습니다. 경유지도, 가는 방법도 그다지 중요하지 않고 목적지

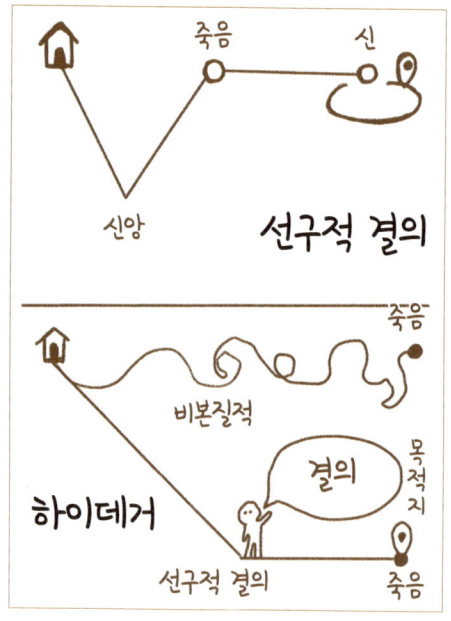

인 '신'이나 '천국'에서만 의미를 찾은 것입니다.

반면 하이데거의 내비게이션에서는 목적지를 '죽음'이라는 막다른 길로 다시 설정하여 거기에 이르기까지의 여정이나 막다른 길로서의 죽음을 포함한 전체성, 즉 인생이라는 드라이브가 충실한지 아닌지 선구적 결의성을 갖는지 아닌지, 그 농도에서 의미를 찾았습니다.

그러나 하이데거는, 최종 목적지가 '신'과 '천국'인 기존 사생관의 '구조'는 바꾸었어도 죽음을 의식했을 때의 심리나 인간적 고뇌에 대해서는 배제하고 있다는 것을 느낄 수 있습니다.

이 찝찝함에 대답하려고 한 사상가가, 이번 장에서 다룰 칼 야스퍼스입니다.

야스퍼스의
하이데거 비판

야스퍼스의 작품 중에는 《하이데거와의 대결 Notizen zu Martin Heidegger》 H.저너 엮음이라는 저작이 있습니다. 아니, 정확하게 말하자면 이 책은 출판물이 아니라, 야스퍼스가 생전 교류하였던 하이데거에게 품고 있던 반감이나 불신감에 대한 메모를, 훗날 제삼자가 정리하여 서적으로 만든 것입니다. 야스퍼스는 약 30년에 걸쳐 하이데거에 대해 상세한 메모를 남겼습니다. 마음속에 간직하고 있던 하이데거에 대한 반발이, 그가 세상을 떠난 후 발굴된 것입니다. 동업자에 대한 원념 등의 감정을 마음대로 출판하게 된 것은 야스퍼스 본인의 뜻이 아닐지도 모르지만, 이 책에는 몹시 놀랄 만한 지적이 담겨 있습니다.

야스퍼스는 하이데거 철학을 '허무주의의 불손'이라고 평가하였습니다. 하이데거 철학을 르네상스 철학의 '고양된 개성이 담긴 열광적 현실'과 대비하여 '하이데거는 시시하다'라고 말하고 싶었던 것이겠죠.

그뿐만 아니라 야스퍼스는 하이데거의 결정적인 결함을

파고들었습니다. 예를 들면 하이데거가 의기양양하게 내걸고 있던 '결의성'에 대해서도 '무엇을 결의하고 있는지 알 수 없다'라며 솔직하게 지적한 것입니다. 야스퍼스의 말처럼 하이데거의 사상에는 단순한 착상이나 편향된 사상을 '본질적'이라고 착각하여 결의해 버릴 위험성이 따라옵니다.

구체적으로 야스퍼스가 비판하고 있는 문장을 살펴봅시다.

하이데거.
그의 근본 조작은 무엇일까.
가끔은 마치 그가 철근 구조물을 세우고, 그 안에 드는 사람을 비인간적으로 밀어 넣는 것처럼 느껴질 때가 있다. 이 사고방식에는 무언가 강제적인 것, 논쟁적인 것, 지배자적인 것, 요구할 것이 많은 것이 있다.

《하이데거와의 대결》

나는 그에게서 거의 배울 수 없었다.

《하이데거와의 대결》

나는, 내가 더 성실하고 진리를 찾기 위해 고군분투하고 있는 것처럼 느껴진다.

《하이데거와의 대결》

야스퍼스는 이러한 의문을 제기하며 하이데거를 급진적으로 비판하고 있습니다. 야스퍼스는 하이데거에 비해 인지도는 낮지만 사고의 깊이 측면에서 보면 야스퍼스의 손을 들어줄 수도 있을 것 같습니다.

야스퍼스의 경력은 어떠할까요? 독일에서 태어난 그는 법학을 공부한 후 정신과 임상 조교가 되고, 정신의학에 후설의 현상학을 도입해 주목받으며 심리학 교수가 됩니다. 그 후 철학 교수 자격을 얻어, 최종적으로는 바젤 대학의 철학 정교수가 되었습니다.

이렇게 '거침없이 여러 장르를 누비는' 것이, 하이데거에게는 없는 '넓은 시야'로 이어지지 않았을까요? 법학사회의 규칙 → 정신 병리학과 심리학인간의 내면세계 → 실존 철학사회의 규칙, 마음속 법칙을 바탕으로 어떻게 살 것인가이라는 지적 편력이 바로 그의 독창성의 원천이라고 할 수 있습니다.

신앙을 가진 리얼리스트, 야스퍼스의 사생관

야스퍼스의 사생관은 신의 존재를 전제로 하고 있습니다. 그런 의미에서는 키르케고르와 비슷하고 신과 일대일로 마주하는 자세도 똑같아 보이지만, 그는 키르케고르만큼 '로맨티스트'는 아닙니다. 매우 현실적이고 깨어 있으면서 동시에 신앙인으로서 계속 존재하는 인물이 야스퍼스입니다.

그러면서도 의학을 공부한 만큼 죽음의 현장을 엄격하게 바라보았습니다. 주요 저서 《철학Philosophie》에서 죽음을 몇 개의 항목으로 나누어 세세하게 분석하고, 죽음을 크게 '가장 가까운 사람의 죽음'과 '나의 죽음'으로 구분하고 있습니다. 지금부터 그 분류를 살펴보도록 하겠습니다.

가장 가까운 사람의
죽음에 대하여

　　　　　　　　　　가까운 사람의 죽음과의 조우는 어찌할 도리가 없는 절망적인 상황입니다. 조금 전까지 살아 있었는데, 눈앞의 망자는 이제 무엇을 어떻게 베풀어도 살아나지 않습니다. 할 수 있는 일이라고는 시신에 매달려 눈물을 흘리는 것뿐이지요.

　이 상황에 대하여 인간다운 불안과 절망을 토로하면서도, 야스퍼스는 제대로 언어화하여 표현하고 있습니다. 저는, 다른 사람의 죽음을 고찰하는 야스퍼스의 태도가 일본의 불교 종파 중 하나인 정토진종淨土眞宗의 장례관과 상당히 비슷하다고 생각합니다. 일본 불교의 다른 종파에는 영혼을 저승으로 보내는 의례의 요소가 적지 않게 들어가 있는데, '이미 아미타 阿彌陀, 불교 서방 정토에 있는 부처로 이 부처를 염하면 죽은 뒤에 극락에 간다고 한다에 의해 구원받았기 때문에 염불한다염불하면 구원받는다는 것이 아니라, 이미 구원받았기 때문에 염불한다'라고 생각하는 정토진종에서는 '망자는 아미타에 의해 왕생이 확정되었다고 생각하므로, 다른 종파와 비교했을 때 의례성은 그다지

농밀하지 않다', '장례식은 아미타에 대한 감사의 표현이며, 남아있는 자의 배움의 장소이다'라고 해석할 수 있습니다.

사실 정토진종의 스님 가운데 상당수가 '장례란 다른 사람의 죽음을 통해 배우게 되는 자리'라고 말합니다. 저는 '장례식=배움의 장소'라는 생각은 조금 불손하다고 느끼고 있었는데, 곰곰이 생각해 보니 장례식은 분명 그런 기능도 포함되어 있는 듯합니다.

야스퍼스의 '망자로부터의 배움'의 구체적인 내용에 대해서는 그의 주요 저서인 《철학》을 참고하여 살펴봅시다.

> 타인의 죽음은 실존을 뒤흔드는 것이며, 특별한 감정의 변화와 관심을 동반한 단순히 객관적 사건이 아닌 이상, 실존은 타인의 죽음을 통해 초월자 안에서 편안해진다. 즉 죽음을 통해 파괴되는 것은 현상일지언정 존재 자체는 아니다. 지울 수 없는 고통에 근거한 더 깊고 명료한 경지가 있을 수 있다.
>
> 《철학》

'나'의 죽음

한편 '나의 죽음'에 대해서는 어떻게 생각하고 있을까요? 야스퍼스는 그리스도교의 신을 믿고 있음에도 불구하고 '사후 세계'의 존재를 전제하지 않았습니다. 오히려 죽음을 향한 인간의 심리와 불안을 그려냈습니다. 사후에 관해 이야기하지 않는다는 전제하에 그리스도교 신앙을 유지하면서 '죽음 앞에 서는', 즉 '한계 상황을 이야기하는' 점에 큰 의의가 있다고 생각합니다.

키르케고르는 '로맨티스트'였고, 니체는 허무주의적이면서도 '영원 회귀'에 의해 영혼을 원환 모양으로 그리는 불사의 모델을 만들어 냈습니다. 하이데거에 이르러서는 엄숙한 표현으로 죽음을 딱딱한 갑옷으로 덮어버렸습니다.

그에 비해 야스퍼스는 신앙 생활을 했음에도 인간으로서 겪는 생생한 불안을 토로합니다. 몸의 어딘가에서 하염없이 '식은땀'이 나오는 '절대 무無에 대한 공포'를 응시하며 언어화하고 있는 점이 그의 진면목이라고 할 수 있습니다.

대부분의 철학자가 철학을 시작하는 이유, 말하지 않아도 바로 '죽음에 대한 불안'이 아닐까요. 17세기 프랑스의 모럴리스트, 라 로슈푸코La Rochefoucauld, 1613~1680의 '태양과 죽음은 직시할 수 없다'라는 말처럼 죽음을 의식하면서도 죽음을 직시하려 한 철학자는 적었습니다. 앞서 언급한 철학자들처럼 상당수는 '세계'를 이야기하면서 죽음에 대한 불안을 떨치고, 또 그렇지 않을 때는 '이야기'를 통해 죽음에 대한 불안으로부터 도피하였습니다.

야스퍼스는 이러한 선인들의 태도를 일도양단한 것입니다. 그는, 죽음을 눈앞에 둔 사람에게는 '단 하나의 자기 존재로 굳어지는''나의 죽음'에만 초점을 맞추어 시야 협착에 빠지는 상태-역주 태도반응와 '천국 등 피안적 삶의 환상에 의해 자신을 속이고, 또 위로'하는 태도반응, 두 가지가 있다고 지적했습니다. 말하자면 전자가 하이데거, 후자가 키르케고르라고 생각할 수 있지요.

이 두 가지 태도에 대해 야스퍼스는 '자기기만 없이 진정으로 진실하게 죽는 것'이 인간의 용기라고 말합니다.

죽은 후 가는 곳이
'무無'라면?

하지만 사후에 '다른 세계'가 있다는 '희망'을 완전히 배제하고 철학적 사생관을 전개하기란 어렵습니다. 하이데거의 경우, '죽음'을 더 나은 '삶을 위한 부품'으로 삼으려고 했지만, 거기에는 인간의 죽음에 대한 불안의 고찰이 결여되어 있습니다. 정신 병리학자이기도 한 야스퍼스는 마치 진료기록 카드에 적듯 한계 상황에서의 죽음에 대한 불안을 고찰했습니다. 특히 '나의 죽음'에 대한 고찰에는 섬뜩함을 자아내기까지 합니다.

> 죽어가면서 나는 죽음을 겪지만, 결코 죽음 자체를 경험하지는 않는다.
>
> 《철학》

> 용기는 자기기만 없이 진정으로 진실되게 죽는 것이다.
>
> 《철학》

서양 사상의 역사상 철학적 사생관의 임계점은, 이 야스퍼스의 고찰이라고 생각합니다. 다시 말해 여기가 사고의 절벽이지요. 그리고 그다음은 니체처럼 상상력이 넘치는 이야기를 창조해 나갈지, '사후 세계를 경험하고 돌아온 사람_{임사체험자}의 증언'을 검증할지, '선인이 생각한 이야기'에 의지할지입니다.

여기에서 조금 더 야스퍼스 사색의 발자취를 따라가 봅시다. 앞의 사생관을 보아도 알 수 있듯, 그는 전적으로 신에게 의지하는 자세를 취하지 않았습니다. 하지만 그래도 신의 존재는 인정하고, 신앙을 유지하고 있습니다. 그렇다면 도대체 어떻게 신과 세계의 관계를 연결하고 있을까요? 야스퍼스는 이에 대해 매우 흥미로운 모델을 제창하였습니다. 신의 존재에 대한 문제를 마치 체스 게임처럼 조심스럽게 풀어간 것입니다. 그리고 인간의 사고를 넘어 신묘하게 작용하는 신의 존재를 도출하였습니다.

신의 진료기록 차트
- 신의 존재 증명은 철학을 통해

　　　　　　　　　　신에 대한 야스퍼스의 개념은 마치 '신의 진료기록 차트'와 같습니다. 원인은 눈에 보이지 않지만, 증상을 관찰하면 병명을 알 수 있다는 의미입니다. 예를 들어 소설을 읽을 때, 그 줄거리나 장면 전개 등에서 왠지 모르게 저자의 인품이나 작가로서의 본질이 드러나 보였던 적은 없었나요? 그것을 신과 세계의 관계에 적용하여, 세계의 현상증상으로부터 신의 본질을 찾는다는 것이 바로 야스퍼스가 현상학으로부터 배운 것입니다.

　이 '신의 진료기록 차트'를 한 번 살펴보도록 합시다. 다음은 야스퍼스의 《철학 입문Einführung in die Philosophie》 제4강 <신의 사상>에서 인용하였습니다.

　무슨 말인지 이해하기 어렵다고 느낄지도 모르겠지만, 이 부분은 야스퍼스 사생관의 '정신'으로 연결되어 있으니 함께 살펴봅시다. 참고로 '하나', '둘', '셋'의 분류는 편의를 위해 제가 붙였습니다.

[신의 존재 증명, 하나]

……가장 오래된 증명을 우주론적 증명이라고 합니다. 이 증명에서는 우주cosmos, 그리스어로 '세계'를 뜻하는 말로부터 신을 추론합니다. 다시 말해 그것은 세상의 생기生起가 항상 원인을 가진다는 점에서 궁극적인 원인을 추론하고, 운동으로부터 운동의 기원을 추론하며, 개체의 우연성으로부터 전체의 필연성을 추론하는 증명입니다.

《철학 입문》

[신의 존재 증명, 둘]

……지금 여기에서 세계 실존이란, 이른바 세계의 한계에 있어 고정되어 거기에서 발견되는 제2의 세계를 말합니다. 그러면 이 신들의 증명은 오히려 신들의 사상을 혼미에 빠뜨리게 됩니다.

《철학 입문》

[신의 존재 증명, 셋]

제가 자유에 있어 진정으로 나 자신이 되는 정도에 따라 신은 제게 존재하게 됩니다. 신은 틀림없이 지적 내용으로서가 아니라, 실존에 대하여 노출되는 과정으로서만 존재합니다.

그런데 자유로서의 우리의 실존 개명에 따라 다시 신의 존재를 증명할 수 없으며, 단지 신을 확인할 수 있는 장소가 나타나는 것에 불과합니다.

《철학 입문》

일단 이야기를 정리해 봅시다. [하나]는 '이 세계가 존재하는 데는 어떠한 원인이 있으므로 그 근본을 더듬어 가면 신의 존재에 도달할 것이다'라는 고전적인 사고를 가리킵니다. 그러나 이를 부정하기 위해 야스퍼스는 [둘]의 이론을 제시합니다. 세계가 실제로 존재하는 것과 신의 존재를 똑같다고 한다면, 신이란 도대체 무엇인지 더욱 알 수 없게 된다고 말하고 있습니다. 예를 들어 세계의 끝이 있다고 하면, 그 맞은편은 신의 힘이 미치지 않는 것인지, 우주 자체가 끝을 맞이하면 신은 존재하지 않게 되는지 등 야스퍼스는 세계의 존재와 신의 존재는 직접 연결하지 않는 편이 좋다며 논의를 전개하고 있습니다.

결국 야스퍼스는 [셋]처럼 우리가 자유롭게 살아가면서

계시와 같이 신의 암호를 파악할 수밖에 없다신은 실존에 있어 계시로만 존재한다고 결론지은 듯합니다. 하지만 그렇다고 하더라도 완전히 증명할 수도 없으며 인간에게는 그러한 도전이 가능한 영역이 주어진 것뿐신을 확인할 수 있는 장소가 표시되어 있을 뿐이라는 자세를 취합니다.

그래서 야스퍼스가 내놓은 결론은 이렇습니다.

> 도달할 수 없는 신에 대한 지식 대신, 우리는 철학을 통해 포괄적인 신의 의식을 확인합니다.
>
> 《철학 입문》

다시 말해 야스퍼스는 '철학을 통해 감득感得되는 것이 신'이라고 생각한 셈입니다. 우리에게 신에 대해 생각하는 영역이 주어졌다는 것 자체가 신의 존재와 연결되어 있다고 생각한 것이지요. 그렇다는 말은, '죽음에 대해 철학적으로 사고하는' 이 책의 시도 역시 신과 연결되어 있을지도 모릅니다.

어떻게 신을 이해할까?
- 야스퍼스의 '암호'

앞서 말한 것처럼, 야스퍼스는 신의 이해에 도달할 수 없는 대신 '철학'을 통해 신의 의식을 확인할 가능성이 있다고 생각했습니다. 야스퍼스가 떠올리는 신이란, 인간이 '구체적으로 생각할 수 없는' 것이며 어떤 비유도 신과 동일하지 않음을 알 수 있습니다. 만화에 나오는 것처럼 수염 난 할아버지의 모습이나 주물 숭배를 받는 구체적인 것도 아니며, 지브리 애니메이션에 나오는 동물과 비슷한 형상도 아닙니다.

야스퍼스가 말하는 신이란 '신의 발자취'로부터 본체를 짐작하지만, 본래 모습은 구체적인 형상을 그릴 수 없는 것입니다. 굳이 신을 '비유'한다면 그것은 신화이며, 플라톤 사상이나 고대인도 철학, 도교 사상에도 그 시도가 있다고 야스퍼스는 지적하였습니다.

신을 믿는다는 것은, 우리가 초월자의 암호나 상징 등 이름 붙인 현상의 다의적인 언어로서 존재하는 것 이외에는, 어떠한 방법으로도 이 세계 안에서 존재하지 않는 무언가에 의해 살아가는 것을 말합니다.

《철학 입문》

'신을 믿는다'란 인간이 언어를 초월한 암호나 상징 등의 메시지를 받는 것이라고 말할 수 있습니다. 말하자면 인간은, 미약한 전파를 모아 그 힌트를 바탕으로 신을 상상하는 엄청난 축적으로만 신의 모습을 알 수 있다는 것입니다. 이 '거리감'이야말로 야스퍼스 신앙심의 철학적 표현이라고 할 수 있습니다.

야스퍼스가 여기에서 제창하고 있는 '암호'란 일반적으로 떠올릴 수 있는 비밀 통신 방법이나 탐정 소설에 나오는 다잉 메시지가 아닙니다.

그렇다면 야스퍼스의 '암호'란 도대체 무엇을 가리키고 있을까요? 그는 저서 《진리에 관하여 Von der wahaheit, Erster Teil der philosophischen logic》에서 '암호'의 내용을 구체적으로 말하고 있습니다. 이 책에 근거하여 정리하자면, 암호는 다음과 같습니다.

① 보편적인 것은 추상적인 형상을 명시하고, 역사적인 것은 구체적인 형태를 명시한다.

② 암호는 세계 실재성 안에 주어지거나 혹은 인간의 형성물로서 만들어진다.

③ 암호는 직관적인 여러 신화 속에서 또는 여러 사상적인 사변 속에서 만들어진다.

④ 암호는 보편적인 형태에 있어서는 추상적이며, 개인적인 조우에 있어서는 구체적이다.

⑤ 암호는 사태가 그렇다는 것을 전체적으로 느끼게 하는 강조된 실재성이거나 거기에서 전체가 의식되는 부분의 여러 세계상, 실재적인 것을 뛰어넘어 부유하는 여러 이상신의 나라 등 혹은 여러 범주 안에서 의식되는 부분의 강조된 존재의 구조이다여기에서 구조의 구체적인 예로 꼽히는 암호는 '삼위일체'다.

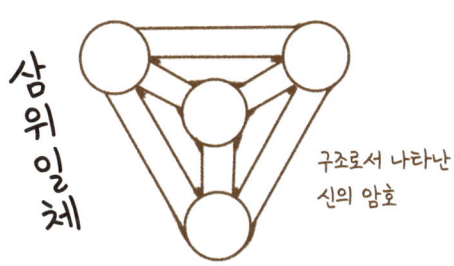

야스퍼스의 '신의 암호'

암호로 발현되는 신과 융

이런 점을 고려하면 온 세상의 다양한 신화에서 발견되는 공통점도, 예수 그리스도의 부활도, 모세의 기적도, 소크라테스의 죽음도, 플라톤이 제창한 이데아론도, 모든 것이 '세계'라는 노트에 적힌 '신의 암호'가 됩니다.

야스퍼스는 개인이 이러한 암호를 받아들일 때 그것이 구체적인 무언가가 된다고 생각했으며, 이 건에 대해서는 일상의 우연 속에서 의미를 찾아내는 심리학자 융의 공시성에 관한 사례체험를 통해 쉽게 이해할 수 있습니다.

일본의 임상 심리학자 가와이 하야오는 이를 다음과 같이 설명하였습니다.

카를 구스타프 융(Carl Gustav Jung, 1875~1961) 스위스의 심리학자. 융이나 니체와 마찬가지로 목사의 자녀로 태어났다. '집합적 무의식'의 존재를 주장했다.

융은 이러한 '의미 있는 우연의 일치'를 중요하게 생각하여 이를 인과율에 의하지 않는 일종의 규율로 간주하고, 비인과적 원칙으로서 공시성synchronicity의 원리를 생각했다. 즉 자연현상에는 인과율로 파악할 수 있는 것과 인과율로 해명할 수는 없어도 유의미한 현상이 동시에 발생할 때가 있는데, 후자를 파악하는 것으로서 공시성이라는 것을 생각한 것이다.

공시성의 원리에 따라 사건을 바라볼 때, 무엇이 무엇의 원인인가에 대한 관점이 아닌, 무엇과 무엇이 함께 일어나고, 그것은 어떤 의미에 따라 결합하고 있는지에 대한 관점에서 보게 된다.

《무의식의 구조》

이처럼 융의 심리학과 결부시켜 생각하면 더욱 이해하기 쉬운데, 한편으로는 이 세계에서 일어나는 사건에 신의 암호를 하나하나 보려고 하는 야스퍼스의 사고방식은 확실히 위험성을 내포하고 있습니다. 모든 것이 신의 암호라고 생각하면, 일상생활을 하는 데 큰 어려움을 겪습니다. 예를 들어 편의점 계산대 아르바이트를 하다가 '먼저 온 손님이 껌과 커피를 샀는데, 다음 손님도 껌과 커피를 샀다. 이것은 암호일까?'라는 생각에 잠겨 있으면 계산대는 대혼란이 일어날지도 모릅니다.

평소에는 암호 이야기를 일단 제쳐두고, 가끔 인생을 돌아보다가 문득 거기에서 의미를 발견하며 신화나 철학사가 떠오를 때, 야스퍼스가 준 '힌트'가 있다면 거기에서 신의 존재를 느낄 수 있을지도 모릅니다. 또한 소수겠지만, 영향력이 강한 신묘 체험을 통해 신앙의 길로 들어서는 사람도 있습니다.

야스퍼스는 사후 세계를 어떻게 그렸을까?

인간의 사후 세계가 '신의 영역'이라고 생각한 야스퍼스의 사상에서는, 신은 인간의 사고를 초월하고 있으므로 사후 세계는 생각할 수 없다는 의미로 해석할 수 있습니다. 야스퍼스는 신과의 이 '먼 거리'를 이해하면서도, '철학'이라는 날개를 달면 순식간에 신에게 다가갈 수 있다고 생각하였습니다.

그것은 마치 일본 TV 인기 프로그램인 <새인간 콘테스트>를 떠올리게 합니다. 장기간에 걸쳐 준비하고 더 먼 거리를 날기 위해 열심히 노력하지만, 대부분 도약판에서 뛰어나오자마자 몇 초도 가지 못해 떨어집니다. 계산상으로는 계속해서 날 수 있을 것만 같았는데, 상공에서 아주 잠깐 날개를 퍼덕이다가 끝이 납니다. 그래도 뛰어나오지 않는 것보다 뛰어나오는 편이 결승선에 더 가까워질 수 있습니다.

야스퍼스는 이렇게 말했습니다.

우리는 길 위에 있는 존재다.

《진리에 관하여》

내기할 것인가, 내기하지 않을 것인가?
파스칼의 내기

야스퍼스의 세심한 사고를 따라가다 보면, 마지막에는 신이 '있다'와 '없다'의 두 선택지가 남게 됩니다. 다시 말해 야스퍼스가 '암호'나 '상징'이라고 생각하는 것도 견해를 바꾸면 '착각'이나 '생각', '미신', '환영'이 될 수 있으며, 그것을 어떻게 생각하는지는 각자의 선택에 따라 달라집니다. 또한 야스퍼스에 따르면 사후 세계 역시 사고의 범위 밖이므로, 그것이 있는지 없는지는 생각하기 나름입니다.

이제부터는 그다음 단계까지 파고들어 봅시다. 신이나 사후 세계가 '존재'한다는 생각은 일종의 '내기'라고 할 수 있습니다. 이 '내기'를 제창한 인물이, 그 유명한 파스칼입니다. 파스칼이 수학자여서 그런지, 그의 철학은 마치 수식과 같습니다. 모든 철학을 채워나가면 어떤 경로로 가더라도 이 '내기'에 도달하게 됩니다.

다음은 파스칼의 철학적 단상들을 집성한 《팡세Pensées》에서 인용하였습니다.

> 신이 존재함을 앞면으로 하여 득실을 따져보고 두 가지 경우를 생각해보자. 만약 당신이 이기면 당신은 모든 것을 얻는다. 만약 지더라도 아무것도 잃지 않는다. 그러니 주저하지 말고 신이 존재한다는 쪽에 걸어라.
>
> 《팡세》

블레즈 파스칼(Blaise Pascal, 1623~1662)
'파스칼의 정리', '파스칼의 삼각형'이나 '인간은 생각하는 갈대'라는 말로도 유명한 프랑스 근세의 과학자, 모럴리스트.

이 파스칼의 사고방식은 상당히 공정하지 않나요? 만약 신의 존재에 내기를 걸고, 그 내기에서 지더라도 위험은 없습니다. 유신론에 베팅했다면 신의 축복이 있을지도 모르지요.

오늘날에는 야스퍼스를 어떻게 해석할 수 있을까?

반면 부담 없이 '신앙 체험'을 할 수 있는 오늘날에는 진정한 신앙 대상을 만나기가 어려울지도 모릅니다. 예를 들어 좋은 회사에 취직하기 위해 좋은 학교를 나오고 싶어 명문대를 목표로 수험 공부에 힘쓰며 하나님과 부처님께 합격 기원 기도를 올리지만, 합격하고 나면 '오케이! 이제 끝!'이라며 깔끔하게 정리하는 것이지요.

대기업에서 근무하다가도 회사 내 갑질 등을 당하며 문득 무엇 때문에 살고 있는지 생각에 잠기기도 합니다. 무엇을 믿어야 할지 몰라 지푸라기에 매달리는 심정으로 자기 계발 세미나 등에 거금을 투자하는 사람도 있습니다. 하지만 결국 허무감에 사로잡히고 말지요.

허무감의 다양한 변형이 병행하여 달리고 있는 듯한 상황이 오늘날의 우리 사회입니다. 야스퍼스는 '허무로부터의 구원은 이제 본래의 존재이며, 자유를 통해 자기 결단의 근거가 되는 것을 획득하는, 개인으로서 인간 자체에 대한 요구일 수밖에 없다'《철학 입문》라며, 허무에 맞서는 이상적인 모습을 소크라테스에게서 찾아냅니다. 허무한 삶보다 의미 있는 죽음도망갈 기회가 있었지만 담담하게 사형을 받아들였다을 선택한 소크라테스를 찬양하는 것입니다. 유감스럽게도 자결을 긍정하는 야스퍼스의 이러한 사상은, 비판하고 있던 하이데거에 '끌려가고 있다'라는 느낌을 부정할 수 없습니다.

　또한 '우리의 존재 의식이 갖는 성격은 죽음을 직시한 자만이 존재한다는 데 있다. 본질적으로 자기 자신인 자는 현상으로서 자기 자신을 걸고 있는 자다'《철학》라는 말도, 분명 하이데거의 '선구적 이해결의성'의 영향을 느끼지 않을 수 없습니다. 마치 데자뷰처럼 하이데거의 사상이 보일락 말락 합니다.

　신중하게 논의를 전개하던 야스퍼스조차도 막상 '죽음의 의미 자체'에 대한 고찰에 이르면 공중분해가 일어나고, 한때 비판했던 하이데거의 사유에 포섭되어 결국 추락하는 것처럼 받아들여지기도 합니다.

그렇다고 하더라도 죽음에 대한 불안이나 신앙, 죽음에 마주하는 태도_{자기기만 없이 죽는 것}에 대해서는 하이데거보다 더 파고들고 있으며, 진리에 다가가려고 한 흔적을 볼 수 있습니다. 특히 '암호'로 나타내는 신에는 독창성이 있습니다. 그런 점에서 야스퍼스 철학을 재검토하는 의미가 크지 않을까요?

오늘날 야스퍼스는
어떻게 활용되는가?

오늘날 야스퍼스의 사상은 어떻게 활용할 수 있을까요?

우리 사회에서도 종교에 얽매이지 않고 개인주의적으로 신앙을 추구하는 경향_{앞서 언급한 합격 기원과 같은 현세적 이익과는 다른 차원으로, 가족의 종교와는 무관하게 개인적인 동기로 사찰을 돌아보거나 문화 센터 등에서 불교 강좌를 수강하기도 하고, 그리스도교 교회에 다니는 종교 팬층이 증가하는 등}이 생겨나고 있는 것을 보면, 야스퍼스 철학이 어떤 지침이 될 가능성이 높을지도 모릅니다.

반면 근대 이후 '신앙에 의지하는 것은 구시대적이다'라는 사고가 하이데거를 권위까지 끌어올리지 않았을까 하는 생각도 듭니다. 하이데거의 권위화 속에서 야스퍼스는 어느 정도 영향을 받았지만, 그 권위에 의존하지 않고 있는 그대로의 인간이 초월자의 존재를 대면하는 태도를 다시 언어로 표현하였습니다.

국내외, 동서고금을 막론하고 종교단체가 조직화되면 그 사상은 관료적으로 경직되기 쉽지만, 야스퍼스는 직접적으로 '신과 사람'의 관계를 재구축하려고 시도했습니다. 다시 말해 세계에서 초월자신로부터의 '암호'를 찾아내는 것이었습니다.

야스퍼스의 사상은, 종교 역시 '각자의 시대'에 적합한 형태로 변하고 있는 우리 사회의 현상에 좋은 시사점을 제공할 수 있을 것입니다. 즉 시대가 마침내 야스퍼스를 따라잡았다고 할 수 있겠지요.

죽음이란 무엇인지 생각해 볼 때가 되었다

6장

'무시간 세계를 살아간'
비트겐슈타인

vs

'혁신적인 사생관을 제시하며 장렬한 죽음을 맞이한'
사르트르

루트비히 비트겐슈타인

Ludwig Wittgenstein, 1889~1951

오스트리아 출생의 철학자.
서양 철학을 종결시켰다고 여겨진다.
저서로 《논리 철학 논고 Tractatus Logico-Philosophicus》,
《철학적 탐구 Philosophical Investigations》 등이 있다.

비트겐슈타인은 다른 철학자들보다 강렬하고 훌륭한 말년을 보냈습니다. 이 사실에만 주목해도 그의 사생관을 깊이 들여다볼 가치가 있습니다. 육체가 건강할 때는 강경하게 발언하다가도 병상에서는 신념을 버리고 원망 섞인 불평을 내뱉으며 죽어간 철학자가 있는 한편, 비트겐슈타인은 암에 걸려도 강철 같은 논리력을 유지했고 심지어 죽음 직전에는 이른바 '맑은 모드'에 들어갔는데, 그것은 일종의 은총과도 같은 초월적 시간이었던 것 같습니다. 그리고 그는 이런 말을 남겼습니다.

내 인생이 멋진 삶이었다고 친구들에게 전해 주십시오.

《논리 철학 논고》

철학의 파묘꾼,
비트겐슈타인의 사생관

비트겐슈타인의 사생관은 간단합니다. 자신의 목숨을 얼마나 진리 탐구에 사용할 수 있을까, 오직 그것뿐이었습니다. 그래서 육체적 죽음은 그의 완성된 지성에 비하면 그다지 문제가 아니었던 것 같습니다. 그리고 그의 진리 탐구는 무려 결과적으로 철학이라는 장르 자체를 종결시켜 버리게 됩니다.

비트겐슈타인은 말기 암 진단을 받고도 친구의 도움을 받아 눈을 감기 전날까지 꼬박꼬박 논문을 썼고, 그 친구의 보살핌으로 천주교 장례식으로 애도를 받았습니다. 《죽은 철학자들의 서》

비트겐슈타인의 최후는 그의 사생관과 완벽하게 동조하고 있습니다. 그의 사상은 전기와 후기에서 급격한 차이를 보이지만, 일반적으로 잘 알려진 주요 저서 《논리 철학 논고》에 단적으로 표현되어 있습니다. 그것을 전제로 그의 사생관을 정리하면, '철학적인 생활을 통해 사람은 무시간성 안에서 영원히 살아간다'라고 할 수 있습니다. 이 말에 따르면 그는 지금도 영원 안에서 살고 있습니다. 왜 영원 안에서 이런 일이 가능한 걸까요?

지금부터 그에 대해 차근차근 풀어나가 보겠습니다. 가장 먼저 그의 말을 살펴봅시다.

> 죽음은 인생의 사건이 아닙니다. 사람은 죽음을 경험할 수 없습니다.
> '영원'을 시간이 무한하게 지속되는 것이 아니라 시간이 아예 존재하지 않는다는 무시간성으로 이해한다면, 현재에 사는 자는 영원히 사는 것입니다.
> 우리의 시야에 한계가 없듯 우리의 삶에는 끝이 없습니다.
>
> 《논리 철학 논고》

'현재에 사는 자'란 어떤 상태에 있는 사람을 말할까요? 비트겐슈타인의 노트에 따르면 그것은 '지식의 생활, 미의 관조를 통해 달성된다'《논리 철학 논고》라고 되어 있었습니다.

'시간 따위는 없다'
- 비트겐슈타인의 시간 관념

저는 비트겐슈타인의 말속에 나오는 '무시간성'이야말로 그의 사생관을 풀이하는 키워드라고 생각합니다. 그가 말하는 '무시간성'에 대해서는, 영국의 관념론자인 존 엘리스 맥타가트John M.E. McTaggart의 《시간의 비현실성The Unreality of Time》처럼 '현재란 무엇인가'에 대해 비트겐슈타인의 사상을 재고하는 철학서도 있습니다.

철학적으로 존재하는 것은 현재뿐이며 과거와 미래는 존재하지 않는다는 이론은, 고전적인 것부터 현재에 이르기까지 다양한 변화가 있지만, 그러한 철학적 논의는 현재도 계속되고 있습니다.

또한 비트겐슈타인이 말하는 '무시간성'은 물리학적 관점에서도 재고의 여지가 있습니다. 물리학자가 오늘날 시간에 관하여 어떠한 연구를 진행하고 있는지에 대해서는 마쓰우라 소松浦壮의 《시간의 본질을 찾아가는 물리 여행》에 다음과 같은 구절이 있습니다.

'플랑크 스케일Planck scale 이하에서는 일반 상대성 이론이 모습을 바꾼다'는, 더 구체적으로 말하자면 현재 우리가 보고 있는 '거리의 개념을 동반하는 시간이나 공간'이라는 구조 자체가 플랑크 스케일 아래에서 의미를 잃는다는 뜻입니다. 이는 그야말로 '물질은 원자로 되어 있다'라는 우리의 상식이, 원자보다 작은 세계에서는 의미를 이루지 않게 되는 것과 같습니다. 다시 말해 양자 중력에 관한 생각은, 시간도, 공간도 아니지만 재규격화를 시행하여 큰 규모로 보면 개량의 개념을 수반하는 시공이 될 법한 '무언가'를 찾아내려고 하는 프로젝트인 것입니다.

《시간의 본질을 찾아가는 물리 여행》

여기에서 말하는 '플랑크 스케일'이란 양자화된 중력의 효과를 무시할 수 없게 되는 스케일을 말합니다플랑크 에너지, 플랑크 질량, 플랑크 길이, 플랑크 시간 등이 있으며, 예를 들어 플랑크 길이는 현재의 물리학에서 기술할 수 있는 최소 단위입니다.

다시 말해 우리는 시간을 강의 흐름처럼 생각하고 공간을 넓이로 파악하고 있지만, 최신 물리학에서는 원자보다도 작은, 지극히 작은 단위로 다시 생각하면 기성관념의 시간·공간과는 다른 법칙이 있다고 가정되어, 그에 해당하는 것을 현재 더듬어 찾아가는 상황입니다. 그중에는, 우리가 공간이라고 생각하는 것 가운데 이미 시간의 요소가 포함되어 있고, 거기에 다양한 과거·현재·미래가 포함되어 있다는 가설도 있습니다.

어쩌면 비트겐슈타인이 직관한 시간관념이, 이러한 최근 물리학적 척도와 친화성을 가질 수도 있습니다. 《도라에몽》의 타임머신을 보고 자란 세대《도라에몽》에서 시간은 큰 강과 같으며, 배와 닮은 기계를 타고 그곳을 왕래합니다에게는 좀처럼 이해하기 어려운 개념일지도 모르겠네요.

이러한 물리학에서의 시공간 관념은, 2019년 방영된 넷플릭스 드라마 <엄브렐러 아카데미The Umbrella Academy>에 반영되어 있습니다. 드라마 속 시간 여행은 '의식을 중지한 양자 상태의 자신을 향해 영사했다', 즉 일반적인 감각이 아니라 플랑크 스케일 세계의 법칙을 이용한 시간 여행이며, 고전적인 SF 영화에 등장하는 타임머신시간을 왕래하는 탈 것은 등장하지 않습니다. 물리학 전문가가 아닌 우리는 좀처럼 상식적인 시간관념을 버리지 못하겠지만, 일단 고정관념을 지우기 위해서는 이런 영상을 단서로 하는 발상의 전환도 필요할 것입니다.

어느 정도 이미지가 그려졌다면, 다시 한번 비트겐슈타인의 시간관념에 대해 살펴봅시다.

> 어떤 사건도 '시간의 경과'와 비교할 수 없다. ─걸리는 시간의 경과는 존재하지 않는다. 우리는 하나의 사건을 다른 사건크로노미터의 진행과 같은과 비교할 수 있는 것에 불과하다.
>
> 《논리 철학 논고》

비트겐슈타인은, 우리가 시간이라고 믿는 것은 초시계 바늘의 진행 상태일 뿐이며 시간의 경과는 존재하지 않는다며 시간 자체를 부정하였습니다. 이 '무시간성'을 삶의 무한성으로 연결시킨 것이 비트겐슈타인의 독자적인 사생관입니다. 이러한 그의 날카로운 직관은 그의 편집적인 성격과 떼려야 뗄 수 없는 관계에 있었습니다. 일반적인 감각으로 보면 이상할 정도의 고집으로 사고의 불순물을 배제하고, 사고를 갈고 닦는 데에 능한 인물이었습니다. 비트겐슈타인의 엄밀한 철학적 태도에서 보면 언어화할 수 없는 '죽음'에 대해서는 완전히 언급하지 않는다고도 생각할 수 있지만, 그가 내놓은 대답은 '영원'과 '무시간성'으로 죽음을 뛰어넘으려는 것이었습니다. 그는 철학적 사유를 할 때뿐만 아니라 일상생활에서도 그런 집념을 지니고 있었기 때문에 주위 사람들은 휘둘리지 않을 수 없었습니다. 너무나도 순수한 그 사고는 아마도 현세적인 상식을 초월했을 것입니다.

개성이 너무 강한 철학자

비트겐슈타인은 고집이 지나치게 강하며 상식에 얽매이지 않고 살아간 사람으로, '철학적 사고 차원에서 속세를 살면 어떤 폐해가 나올까?'라는 실험과 같은 일생을 보냈습니다. 너무나 색다른 그의 삶을, 1993년 영국의 영화감독 데릭 저먼Derek Jarman이 영화로 제작하기도 했습니다. 영화에서도 독특한 캐릭터가 강렬한 인상에 남는데, 실제 비트겐슈타인의 기행을 나열해 보면 오히려 영화에서 그리는 방식이 귀엽다고 생각될 정도로 상식을 벗어난 인물임을 알 수 있습니다.

지금부터 나오는 내용은 폴 스트레턴Paul Strathern의 《90분 만에 이해할 수 있는 비트겐슈타인Wittgenstein in 90 Minutes》과 《논리 철학 논고》에 수록된 <비트겐슈타인 연보>에서 여러 기행을 정리한 것입니다.

'열차를 놓쳤을 때, 열차 한 대를 통째로 빌리려고 한다.'

'여행에 동행한 친구가 풍경 사진을 찍은 것만으로도 격앙된다.'

'노르웨이의 외진 땅보트로만 갈 수 있는 곳으로 이사해 논리학에 몰두한다.'

'모처럼 받게 된 유산을 시인에게 기부하려 한다변호사의 도움으로 누나들에게 대부분 넘긴 듯하다.'

'제1차 세계대전 중 지원병이 되어 훈장을 받는다.'

'톨스토이의 《요약복음서》를 읽고 며칠 만에 성경에의 신앙에 눈을 뜬다.'

'갑자기 수도원에 들어가려 했지만, 접수처에 있는 수도사의 느낌이 좋지 않다며 단념한다.'

'인적이 드문 가난한 마을에서 초등학교 교사가 되었지

만, 마을에 적응하지 못해 쫓겨난다.'

'그의 정신 상태를 걱정한 누나가 정신을 차분하게 가라앉히기 위해 집 설계를 의뢰했지만, 아주 세세한 부분까지 고집하며 목수를 괴롭힌다.'

'프로펠러 연구에 홀린 듯 빠진 적이 있다현재는 실용화되었다.'

'수도원의 헛간을 거처로 빌려, 정원사로 지낸 적이 있다.'

'대학 강사가 되고 나서도 복장은 가죽점퍼와 우비였다.'

'친구들과 산책할 때, 갑자기 천체의 움직임을 재현한다며 빙빙 돌았다.'

이러한 행동에서 비트겐슈타인의 사람됨을 분석한다면 '완벽한 완벽주의'가 아닐까 하는 생각이 듭니다. 그는 사상 세계에서 이상적인 '높은 수준 레벨'을 실제 생활의 현실 세계에서도 추구하였습니다. 인간을 대할 때나 사물을 대할 때, 철학을 대할 때 완벽을 추구하는 것은 그의 버릇과 같았습니다. 우정에도 완벽을 추구하고, 건축에도 완벽을 추구했기에 일반 사회에서는 지극히 괴짜처럼 비쳐도 이상하지 않았을 것입니다. 비트겐슈타인은 항상 진지하게 사물을 마주하며 진리 탐구에 매진했을 뿐입니다.

인간에게는 일상생활의 꺼짐과 켜짐의 스위치가 있는데, 그는 항상 '켜짐' 상태로 살았던 것 같습니다. 그러나 속세라는 것은 항상 완벽하게 되지 않습니다. 그 격차가 그를 기행으로 몰아가고, 또 동시에 진리 탐구에 대한 열정이 되었던 것은 아닐까요?

마치 우주인의 사상

비트겐슈타인 사상의 진면목은 《논리 철학 논고》에 있습니다. 비트겐슈타인 사상의 가치는 야스퍼스와의 차이점을 보면 쉽게 이해할 수 있습니다. 야스퍼스가 의사의 시선으로 세상을 '진찰'하고 진료기록 차트를 쓰며 그 안에서 신의 발자취를 찾았다면, 비트겐슈타인은 우주인과 같은 위치에 서서 세계를 바라보았습니다. 아니, 우주인이 아닙니다. 우주보다 더 바깥쪽에서 우주를 바라보는 듯한 관점에 서 있었습니다. 비트겐슈타인 사생관의 특이점은, 시간에 대한 독자적인 고찰 이외에 이러한 관점에서도 힌트를 찾을 수 있습니다. 비트겐슈타인 사상의 진수는 《논리 철학 논고》의 '신비한 것'이라는 항목에 잘 표현되어 있습니다.

'세계가 얼마나 있는지'는 더 높은 차원의 존재에게는 전혀 중요하지 않다. 신은 세상에 나타나지 않는다. 사실은 모두 문제를 부과할 뿐, 해답을 주지 않는다. 세계가 얼마나 있는지가 신비한 것이 아니다. 세상이 있다는, 그 사실이 신비한 것이다.

《논리 철학 논고》

일러스트를 통해 그의 사상과 야스퍼스의 사상을 비교해 봅시다. 세계 내부에서 신의 암호를 찾은 야스퍼스제5장에 비해, 비트겐슈타인은 '신은 세계 안에서는 나타나지 않는다'라고 단언하고 있습니다. 야스퍼스는 인류 수준에 있지만, 비트겐슈타인은 '저쪽지구 밖'에 서 있습니다. 다시 말해 '저쪽'에서 이 세계를 바라보면서 '이 세계가 있다는 것 자체가 신비'하다고 깨달은 것입니다.

신의 관점을 가지고 이 어수선한 세계를 살아간다는 것은 비트겐슈타인에게는 필시 어려운 일이었을 것입니다. 그렇게 생각하면 그의 수수께끼 같은 기행도 이해할 수 있습니다.

내 방에는
코뿔소가 있다?

비트겐슈타인은 언어에 한계가 있다는 것을 간파하고 있었습니다. 이 세상의 모든 것을 언어로 표현하기란 확실히 불가능한 일이지요. 그것은 기껏해야 언어 게임일 뿐입니다. 예를 들어 '신'을 언어화할 수는 없으며, 언어 게임 안에 '가정'으로서 그 개념이 파생하고 있을 뿐, 신 자체와는 전혀 다릅니다. 비트겐슈타인은 그 '게임'을 이용해 신의 윤곽을 그릴 수 없다고 생각하였습니다.

비트겐슈타인의 지성은 철학자에게 철학의 한계를 일깨워줍니다.

> 내가 가진 언어의 한계는 곧 내 세계의 한계를 의미합니다. 논리는 이 세계에 충만합니다. 세계의 한계는 곧 논리의 한계이기도 합니다. 따라서 우리는 논리의 내부에서 다음과 같이 말할 수 있습니다. 이것은 세계 안에 존재하고, 저것은 존재하지 않는다고.
>
> 《논리 철학 논고》

비트겐슈타인은 '이 방 안에 코뿔소는 없다'라는 것조차 논리적으로 납득할 수 없었습니다. 자신에게는 보이지 않아도 다른 사람에게는 보일 가능성, 자신의 인식 능력이나 다른 사람의 인식 능력을 넘어선 존재로서의 코뿔소가 존재할 가능성을 철저하게 파고들었습니다.

터무니없는 이야기 같지만, 엄밀하게 철학적으로 가자면, 현상학처럼 어느 정도 다른 사람과의 공통된 인식의 구조가 있다는 전제보다, 비트겐슈타인처럼 그마저도 의심해 본다는 자세에 더 공감이 갑니다.

그렇지만 솔직히 지금 제 방이나 여러분의 방에 코뿔소는 없을 테지요. 보통은 그렇게 생각합니다. 하지만 비트겐슈타인은 여기에서 끈질기게 버팁니다. 어쩌면 벽장을 열면 작은 코뿔소가 있을 가능성을 완전히 배제할 수 없고, 책상 밑에 광학 위장을 두른 코

뒤를 돌아보면 거기에 코뿔소가?

뿔소가 있을지도 모른다고 생각하는 것입니다. 이 책을 읽고 있는 여러분도 뒤를 돌아보면 '코뿔소가 미소 짓고 있을 가능성은 100% 없다'라고 단언할 수 없습니다. 그럴 리는 없겠지만 철학적으로 그 가능성을 부정하지 않는 것이 비트겐슈타인의 흥미로운 점이지요.

만약 지금 뒤를 돌아봤더니 방 안에 코뿔소가 있다면 제게 꼭 알려주시기를 바랍니다.

말할 수 없는 것에 대해서는 침묵하라

이 코뿔소 이야기를 확대해 봅시다.

세상에 우주인이 존재함을 부정할 수 없고, 하물며 신의 존재를 부정할 수 있을 리도 없습니다. 비트겐슈타인의 철학에는 세상에 대한 경외와 경의가 담겨 있습니다. 오히려 그는 신비의 영역을 종이 공예처럼 드러내기 위해 논리로 채워 나가지 않았나 싶습니다.

비트겐슈타인 이전의 철학자들은 신과의 거리가 너무 가

까웠습니다. 다 떨어진 간장을 사러 마트에 갈 정도의 거리감에 서서 신에 대해 이야기하는 철학자가 많은 것 같습니다. 저는 비트겐슈타인의, 신과의 이 거리감을 좋아합니다. 《논리 철학 논고》에는 이런 글이 있습니다.

> 철학의 올바른 방법이란 본래 다음과 같을 것입니다. 말할 수 있는 것 외에는 아무 말도 하지 않는 것. 따라서 자연과학의 명제 외에는 아무 말도 하지 않는 것. 그러므로 철학과 아무런 연관이 없는 것만 말하는 것. ―그리고 다른 사람이 형이상학적인 것들을 이야기하려고 할 때마다 '당신은 당신의 명제에서 전혀 의미가 없는 어떤 기호를 사용하고 있다'라고 지적해 주는 것입니다.
>
> 《논리 철학 논고》

요컨대 그는 철학을 일단 여기에서 끝을 맺자고 말하고 있습니다. 엄밀히 '학문'이라고 칭해진 현상학조차도 비트겐슈타인의 날카로운 지성 앞에서는 의심의 대상이 됩니다. 그렇게 되면 현상학에서 출발한 하이데거의 존재론도 똑같이 간주되며, 과거의 철학은 모두 언어 게임을 하고 있는 것에 불과합니다. 기대했던 영화의 결말이 꿈으로 끝을 맺는 것과 같아지는 것이지요.

비트겐슈타인 덕분에 인류의 철학 주사위 놀이는 제트 엔진을 타고 단숨에 '상승 칸'에 도달한 것과 같습니다. 그러나 비트겐슈타인은 그보다 더 나아가는 인물로, 이 결론마저 '뒤집어엎는' 결론에 이르게 됩니다.

> 나를 이해하는 독자는 나의 책을 빠져나가 그 위에 서서 그것을 내려다볼 수 있는 높이에 도달했을 때, 비로소 그 무의미함을 깨닫게 됩니다. 바로 이러한 방법을 통해 나의 책은 해명을 시도합니다말하자면 독자는 사다리를 다 올라간 후에 사다리를 던져 버려야 합니다.
> 독자는 이 책을 극복해야만 합니다. 그때 그는 세상을 제대로 보게 될 것입니다. 말할 수 없는 것에 대해서는 침묵해야 합니다.
>
> 《논리 철학 논고》

다만 여기의 '말할 수 없는 것'에 대해서는, 비트겐슈타인 후기가 되면 그의 언어관이 변화하여 그 대상이 대폭 넓어집니다. 철학자 나가이 히토시는 그것을 '후기에 이르러 모든 것은 언어 게임이 되었다. 후에 남는 것은 언어 게임 안에서 말할 수 없으며, 그것의 실천 속에 나타난다고 말할 수 있다. 그러나 그것 없이는 아무것도 없는 것과 같다.', '그는 이제 말할 수 없는 것에 대해서는 침묵해야 한다는 말조차 할 수 없는, 해서는 안 되는 지점까지 나아갔다'라고 말하고 있습니다.

그렇다면 후기 비트겐슈타인의 사상에 근거하여 철학을 한다면 '죽음'은 '죽음'이라고 말한 시점에서 언어 게임에 얽히게 되므로 '죽음'이라는 말조차 해서는 안 된다고 말할 수 있습니다.

하지만 철학자 본인이 '독자는 이 책을 극복해야만 한다'라고 서술한 것처럼, 그가 말한 대로 하는 것 또한 올바른 읽기 방법이 아닐 것입니다.

> 말하자면 독자는 사다리를 다 올라간 후에 사다리를 던져 버려야 합니다.
>
> 《논리 철학 논고》

죽음에 대한 불안과 공포
- 장켈레비치

　　　　　사고의 제트 엔진으로 도약하는 비트겐슈타인의 등에 올라타, 우주 바깥에서 '세계'를 바라보면 세계의 존재 자체가 신비롭습니다. 그러나 그 이외의 많은 철학자들은 그것을 깨닫지 못하고, 내부에서 언어라는 공을 벽에 때리고 계속해서 튕기는 스쿼시언어 게임를 반복할 뿐입니다.

하지만 철학은 무의미하다는 비트겐슈타인의 말에도 끊임없이 고개를 드는 정체불명의 '불안'이 새삼스레 우리 마음에 자리 잡습니다. 그렇습니다, '죽는 것이 두렵다'라는, 단순하지만 알지 못하는 죽음에 대한 불안과 공포입니다. 죽음 자체는 질적이나 양적으로 불안과 공포와 관련이 없는데, 죽음을 앞에 둔 불안을 어떻게 해야 할까요? 이러한 불안에 관해 깊이 고찰한 인물이 프랑스 철학자 블라디미르 장켈레비치Vladimir Jankelevitch, 1903~1985입니다.

> ……죽음의 순간은 어떠한 개념화도 받아들이지 않는다. 우리는 일반적인 죽음을 어떤 하나의 범주로 끌어들여 사유의 대상으로 삼으려 했다.
>
> 《죽음 : 이토록 가깝고 이토록 먼》

죽음의 순간은 하나의 최대인 걸까? 사람들은 그것을 고통의 가장 심한 정도, 혹은 병의 가장 극도의 '강도'에 해당한다고 말할지도 모른다.

《죽음 : 이토록 가깝고 이토록 먼》

죽음은 사람이 하나의 경험에 있어 인간에게 허용 받은 것의 극치, 그 끝까지 다다를 때, 도중에 멈추지 않고 그 경험을 파고들 때 만나는 것이다. 죽음은 깊이의 가장 밑바닥, 높이의 꼭대기, 모든 거리의 극치의 끝, 모든 크레센도의 마지막 단계, 한마디로 말해 모든 경험에 있어 사람이 넘을 수 없는 절대적 한계다. 죽음은 사람이 모든 큰길을 어떤 방향으로든 한없이 연장할 때, 그 끝에 있다.

《죽음 : 이토록 가깝고 이토록 먼》

장켈레비치는 죽음의 건너편에 모든 논리를 넘어선 깨달음의 경지 피안가 있다고 생각하였습니다. 일반적인 고찰이지만, 특히 현세에서 죽음을 향한 여러 단계의 고찰이 다른 철학자에게서는 볼 수 없을 정도로 섬세하다는 점에 주목할 만합니다.

죽음은 삶의 종말이고, 삶의 종말은 삶이 아닌 것非生의 시작, 혹은 후생을 믿는 자들에게는 후생의 시작이다. 그 이상의 무엇도 아니다. 그런데 무언가가 결여되어 있다.

《죽음 : 이토록 가깝고 이토록 먼》

삶의 종말과 후생의 시작 사이에 결여되어 있는 것, 장켈레비치는 그것을 생에서 죽음으로의 '순간=이행 자체'라고 지적했습니다. 다른 철학자들은 모두 이 순간에 대해 놓치고 있는데, 이를 그리고 있는 서브컬처 창작자의 사례를 볼 수 있습니다.

미국 영화 <웨이킹 라이프Waking Life>는 삶에서 죽음으로 이행하는 내면세계를 그린 애니메이션 영화입니다. 또한 인도 종교의 지대한 영향을 받은 영국의 록 밴드 쿨라 셰이커Kula Shaker의 곡 <Grateful When You're Dead>1996의 가사에는 '그 순간'에 대한 언급이 있습니다.

다른 사람의 죽음을 외부에서 바라보고 묘사하는 철학책이나 예술 작품은 많지만, 주관적으로 그 이행의 순간을 포착하기는 매우 어려울 것입니다. 왜냐하면 살아있는 사람 중에 그것을 경험한 사람은 없기 때문입니다.

'그 순간'을 묘사하려면 불안과 공포를 견디고 상상력을 총동원하여 언어로 표현해야 하는데, 그러한 일을 한 철학자나 예술가는 극히 드뭅니다. 죽음에 대해 '이행의 순간'이라는 등잔 밑이 어두운 발견이 이만큼 늦어진 이유도, 철학자 역시 죽음에 대한 불안과 두려움을 피할 수 없어서라고 생각합니다.

비트겐슈타인을 뛰어넘는 사르트르

비트겐슈타인이나 장켈레비치를 넘어서면, 그다음에는 어떤 사상이 있을까요? 여기에 이르기까지 형이상학적인 것이나 현상학적인 것, 창작품, 신앙에 대한 의존, 모든 사생관을 언급한 것은 아닌가 하는 의문이 들지도 모릅니다. 하지만 아직 '놓친' 것이 있습니다.

그동안의 사상가들은 죽음을 인생이라는 이야기의 연장 선상에 위치시키고 죽음을 앞세워 인생이라는 이야기의 완성을 도모하거나, 혹은 삶의 연장으로서의 사후 세계를 보완하는 등 어딘가 삶과 죽음을 일련의 것으로 생각하였습니다.

그러나 이때 완전히 새로운 사생관을 제시한 인물이 등장합니다.

바로 철학자 사르트르입니다. 그는 삶과 죽음은 관련이 없다는 사생관을 내세웠습니다. 허를 찌르는 말이지요. '애초에 죽음에서는 의미를 찾을 수 없다'라고 지적한 것입니다.

불안이 실존주의로
회귀하게 만든다

사르트르의 사상을 검토하기 전, 죽음의 불안에 대해 생각해 봅시다. 칠레 출신 영화감독 알레한드로 호도로프스키Alejandro Jodorowsky의 작품 <엘 토포El Topo>에는 죽음을 전혀 두려워하지 않는 선인 같은 남자가 등장합니다. 그는 철학적으로 특이한 존재로 그려지며, '죽음을 두려워하지 않는 인물이 존재하는 것' 자체가 철학적 질문으로 떠오릅니다. 여기에서 이 선인과 대칭적이라고 할 만한 하이데거의 철학을 떠올려 봅시다. '죽음을 앞세워 결의한다'라는 인간의 강인한 정신을 전제로 한 그 사상에서도 죽음에 대한 불안은 해결되지 않았습니다. 《존재와 시간》에 '불안'이라는 글자가 등장하는 횟수를 세어보면 뜻밖의 사실을 깨달을 수 있습니다. '불안', '불안', '불안', '불안', '불안'……. 하이데거의 주요 저서에는 사실 '불안'이라는 글자가

연이어 등장합니다.

> 불안의 대상은 아무것도 아니고 어디에도 없다는 것이 분명해진다.
>
> 《존재와 시간》

> 불안은 근원적이고 직접적으로 세계를 세계로서 개시한다.
>
> 《존재와 시간》

수염 난 근엄한 얼굴과 딱딱한 문체의 그림자에 가려져 알기 어렵지만, 《존재와 시간》을 초역한 후의 감상은, '언젠가 다가올 죽음, 그리고 그 죽음이 초래하는 무無에 대한 불안이 그의 철학에 뿌리내리고 있다'라고 말할 수 있을 것입니다. 하이데거의 작품에는 그가 이 '불안'을 어떻게든 삶의 질을 높이기 위한 재료로 삼으려 한 흔적이 새겨져 있지만, 불안 자체를 해결했다고 보기는 어렵습니다. 그렇다고 우리가 비트겐슈타인과 같은 초월적 관점을 얻기란 지극히 어려우므로, 죽음의 불안과 공포를 지울 수는 없습니다. 비트겐슈타인은 죽음 직전 초인적인 연구 활동에 몰두했던 것 같은

데, 가장 말년에 그의 지성은 인간의 영역을 초월했을 가능성도 있습니다.

그래서 우리 인간은 '아무리 발버둥 쳐도 죽음에서 벗어날 수 없다'라고 깨닫는 순간부터 엄청난 불안과 함께 살아가게 되며, 그 불안이야말로 실존주의로 회귀시키는 원동력이 되기도 합니다. 이때 '사람이 죽음의 불안과 타협하면서 어떻게 살아가야 하는가?'라는 물음에 답을 제시한 인물이 사르트르였습니다. 그는 저서 《존재와 무 L'Être et le néant》에서 야스퍼스와는 다른 각도로 하이데거에 대해 지적하고 있습니다.

사르트르는 하이데거가 한 일은 철학이 아니라 마술과 같다며 비판하였습니다. 죽음은 나이를 막론하고 가까워지고 있을 수도 있고 멀어지고 있을 수도 있다고 지적하며, '우연'이 죽음을 결정한다고 말했습니다. 사르트르는 죽음을, 하이데거가 말하는 '삶의 의미를 부여하는 것'이 아니라 오히려 삶의 의미를 탈취하는 부조리하고 파괴적인 존재라고 생각했던 것입니다.

하이데거는, 젊었을 때는 정력적으로 활동하고 서서히 나이가 들어 피날레를 맞이하는 대단원의 드라마가 인간의 삶이라고 생각하였습니다. 그러나 언제 부조리한 죽음이 닥칠지 가늠할 수 없는 인간의 삶에서 그러한 통찰은 '2% 부족하다'라고 해도 어쩔 수 없겠지요. 엄밀한 현상학에 근거한 존재론을 전개하고 있는 것으로 보이며, 그 이면에 숨어 있는 낙관주의와 그 달콤한 전망 때문에 죽음의 부조리한 성질을 깨닫지 못했던 것입니다. 그것을 날카롭게 찌른 인물이 사르트르였습니다.

장폴 사르트르

Jean-Paul Sartre, 1905~1980

프랑스의 철학자.
노벨문학상 수상을 거부한 소설가·극작가이자,
전후 사상계의 슈퍼스타와 같은 지식인이었다.

죽음은 허무하다
- 사르트르의 사생관

'우연이 죽음을 결정한다'라는 사르트르의 사생관은 '콜럼버스의 달걀'과 같습니다. 그는 저서 《존재와 무》에서 '갑작스러운 죽음'과 '노년의 죽음'은 질이 다르다고 지적하고 있습니다. 지금부터 사르트르의 사상을 살펴보기 위해 저의 경험담을 소개하려고 합니다.

대학원 시절, 장송 문화를 연구한 저는 그 일환으로 일본 각지의 묘지를 현장 답사했습니다. 다양한 묘지에 자주 다니다 보면, 일찍 세상을 떠난 사람의 무덤은 바로 알아차릴 수 있습니다. 왜냐하면 그들의 무덤은 대부분 크기가 압도적이고 공들인 디자인의 묘석이 많기 때문입니다. 그들이 살아야 했을 시간의 양과 질을 대변하는 것처럼 무덤 전체가 거대했습니다. 묘지를 보면 향년을 알 수 있는데, 이렇게 요절한 사람들이 '살아야 했을 시간'을 제가 낭비하고 있는 것 같다는 생각이 들 때도 종종 있었습니다. 살아 있는 자들에게 던지는 그들의 강한 메시지가 느껴지는 것 같았습니다. 그런 감각을 여러 번 경험했기에, 사르트르가 말하는 '갑작스러운 죽음'이 갖는 이질성에 관한 고찰은 타당하다고 생각하게 되었습니다.

　사르트르는, 그들의 죽음에 생물학적인 차이가 없다고 하면서도 '자기기만에 의해서만 노년의 죽음을 기대할 수 있다'《존재와 무》라고 말하고 있습니다. 다시 말해 우리가 일반적으로 떠올리는 '죽음'이란 노년기에 어떤 원인에 의한 것인데, '그것은 자기 자신을 속고 속이는 것에 지나지 않는다'라는 것입니다. 갑작스럽게 죽을 우연이 죽음을 결정하는 가능성에 눈을 감고, 조심조심 노년기가 오기만을 기다리고 있는 것이야말로 사르트르가 말하는 '자기기만'이었습니다. 과거 철학자 중에는 이 문제를 언급한 사람이 없었습니다. '죽음은 한순간 덮쳐 온다'라며, 유한성과 죽음에는 아무런 연관성이 없다고 생각했습니다. 사르트르는 죽음에 대한 하이데거의 관념에 대해 다음과 같이 반박하고 있습니다. '하이데거를 거스르며 이런 결론을 내려야 하지만, 죽음은 나 자신의 가능성이기는커녕 오히려 하나의 우연한 사실이다.' 《존재와 무》

하이데거의 사생관에서 죽음은 '완성'이며, 부루마블 게임에서의 '진행'입니다. 그러나 죽음의 목표가 '인생 경험 축적'이라는 것은 인간의 간절한 '바람'이지만, 천국 등 후생을 상정하지 않는 이상 탄생 전과 죽음 후에는 차이가 없습니다. 사르트르는 '죽음은 탄생 전과 같다'라고 지적하고 있습니다. 다시 말해 출발점에서 와서 출발점으로 돌아갈 뿐, 거기에서 의미를 찾을 수 없다는 의미입니다. 다시 말해 죽음이란 '허무'인 것이지요. 니체는 삶을 반복영원 회귀함으로써 삶을 보강하고 죽음의 의미를 지웠지만, 사르트르는 무無에서 무無로 돌아간다는 것뿐입니다.

사르트르는, 죽음이란 삶의 연장선에 있지 않으며 삶과 죽음의 경계에는 의미도, 의의도 없다고 생각하였습니다. 게다가 죽음을 통해 후세에 무언가를 보여준다는 것을 찬미하지 않았습니다. 야스퍼스^{제5장}처럼 믿고 있는 것을 위해 죽은 소크라테스를 찬양하지도 않습니다. 이처럼 사르트르는 지극히 냉정하게 죽음의 폭력성을 바라보고 있었는데, 그런 사생관과는 달리 본인의 죽음은 그다지 멋있지 않았습니다.

그는 죽음이 가까워지면서 그동안의 자기 이론을 번복하고 그리스도교에 대한 신앙을 고백하면서 몸과 마음이 붕괴하듯 죽음으로 향했던 것입니다. 죽음의 부조리나 폭력성을 정확하게 논술할 수 있었다고 해도, 자기 몸에 죽음이 닥쳐올 때 스스로의 철학을 냉정하게 관철시키지 못했습니다. 오히려 죽음의 폭력성을 속속들이 파악하는 지성을 갖추고 있었던 것이야말로 사르트르가 가진 고뇌의 근원이었을 가능성도 있습니다.

<탐정 이야기> 마지막 회의 죽음과 사르트르의 사생관

1980년에 세상을 떠난 사르트르와 같은 시대의 일본 드라마 <탐정 이야기>[1979~1980년]가 있습니다.

영화배우 마쓰다 유사쿠의 팬임을 자인하는 저는 그의 출연작을 대부분 수집하고 있는데, 그의 출연작 상당수가 그의 요절을 예견하듯 '죽음'의 향기를 짙게 풍기고 있습니다. 스즈키 세이준 감독의 영화 <아지랑이좌陽炎座>1981는 첫 등장 장면부터 주인공이 이미 죽었다는 설정이며, <태양을 향해 외쳐라!>1972~1986년에서 지판 형사의 순직 장면 '뭐여, 이건!!'이라는 대사은 유명하지요.

그런 작품 중에서도 <탐정 이야기> 마지막 회의 마지막 장면에 벌어지는 주인공의 죽음은 너무나도 당돌합니다. 주인공이 본편의 일련의 흐름과는 전혀 무관하게 깨끗이 죽어버리기 때문입니다. 그 죽음의 원인이 된 조연은 그동안의 동료나 적과 연결고리가 없고, 본편의 이야기와도 전혀 관계가 없는 외부 세계로부터의 침입자였습니다.

오랫동안 이 장면을 전혀 이해하지 못하고 있었는데, 이번에 다양한 철학자들의 사생관을 정리하다가 문득 '사르트르의 사생관으로 연결되지는 않을까?'라는 생각이 들었습니다. 헤겔이나 하이데거에게 죽음은 어떤 이야기의 과정이나 그 연장선 위에 있습니다. 그러나 사르트르의 사생관에 따르면 삶과 죽음은 지속되지 않습니다.

다음의 일러스트에서 그들의 사생관을 비교해 보았습니다. 키르케고르의 사상에서 죽음은 그리스도의 존재로 도약하는 계기였고, 하이데거는 죽음을 삶의 연장선상에 두었습니다. 헤겔은 절대정신의 발현으로서, 역사 속에 개인의 죽음이 변증법적으로 자리 잡습니다. 니체의 경우, 죽음은 영원 회귀의 단순한 통과 지점이 되지요.

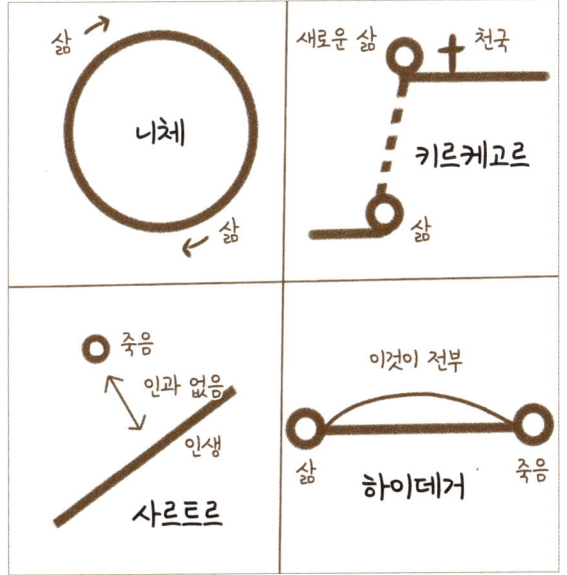

하지만 어떤가요? 사르트르는 삶과 죽음에 인과관계가 없다고 말합니다. 허무하고 의미 없이 우연히 '저쪽'으로 되돌아간다는 사생관이, 그동안의 이야기와는 아무런 인과 없이 주인공이 죽는 <탐정 이야기>의 마지막 회와 겹쳐 보이지 않나요? 사르트르의 사생관에서 생전의 노력이나 선행은 죽음과 사후에 아무런 관계를 맺지 않습니다.

아마 오늘날 TV 드라마에서 이렇게 연출하면 큰 공감을 받지 못할 것입니다. 사르트르의 이러한 사생관 제시가 의미가 있다면, 그동안 돌이켜보지 못했던 '죽음의 부조리성'에 철학적 빛을 비춘 것일지도 모릅니다.

'부조리한 죽음'이란 '죽음의 부조리성'이고, 그것은 '부조리한 삶'이기도 합니다. 세상 어디나 둘러보면 그런 삶과 죽음은 얼마든지 있겠지요.

자기 사상의 허무를 견디지 못한 사르트르

죽음에 대한 사르트르의 철학적

고찰의 결론은 '사고 정지', 즉 죽음에 대한 전면 항복이었습니다.

> 우리는 죽음을 생각할 수도 없고, 죽음을 기대할 수도 없으며, 죽음이 두려워 무장할 수도 없다.
>
> 《존재와 무》

신의 구원도 없을뿐더러 '죽음'에 의미 부여하지도 않았던 사르트르는, '있는 그대로의 죽음'을 종교에 의지하지 않고 언어화하였습니다. 이것은 비트겐슈타인 후기의 사상으로도 이어진다고 생각합니다. 지금까지 살펴본 것처럼 비트겐슈타인은 세상의 모든 것을 언어로 대체하는 언어 게임이 철학의 한계라고 생각했는데, 그 생각으로 보면 죽음의 관념은 '죽음'이라는 명사로 대체되지만 사상의 내실은 언어 게임 안에 없습니다. 장켈레비치가 말하는 삶에서 죽음으로의 '순간=이행'에 무슨 일이 일어나는지, 그것을 경험한 사람은 존재하지 않기 때문입니다. 그래서 죽음에 대해 말할 때 '죽음을 이야기할 수 없다'라는 불가능성을 이야기할 수밖에 없습니다. 사르트르는 '죽음'의 말할 수 없는 성질을 긍정했습니다.

그러나 사르트르는 이 허무에 본인이 견디지 못했는지, 죽기 몇 년 전에는 자신의 존재 근거로 신을 다시 설정했습니다. 요컨대 상태가 좋았던 시절 자기 사고의 무게에 사르트르 본인이 전면 항복한 것이지요.

참고로 죽음에 전면 항복하기 이전 사르트르의 '무신론'은 일반적인 무신론과는 조금 달랐는데, 그것은 신의 관념이 얽혀 있지 않은 인간 중심의 무신론이 있었습니다.

사르트르의 무신론은 비록 신이 존재한다고 하더라도 인간 중심으로 사고하고, 신이 존재하지 않는다고 하더라도 같은 태도무신론적 실존주의로 임합니다. 그러한 여지가 있는 무신론이 그의 본래 태도였던 것입니다.

사르트르의
비참한 죽음

사이먼 크리츨리 《죽은 철학자들의 서》에 따르면 사르트르의 죽음은 비참했습니다. 마약 중독으로 괴저를 일으키고, 술에 찌들어 살다가 눈을 감았습니다. 장례식에는 5만 명이나 되는 사람들이 참석했지만, 죽음 직전 그의 사상은 상당히 혼란스러웠습니다. 파트너 시몬 드 보부아르Simone de Beauvoir와의 대화에서는 신의 존재_{자신이 존재하는 원인은 신의 손에 있다}를 이야기하며, 한편으로는 죽음에 관해 생각하지 않는다는 자세로 전향하였습니다. 다시 말해 단단한 신앙을 가졌지만 죽음에 관해서는 사고를 정지하는, 이도 저도 아닌 상태로 세상을 떠났다고 할 수 있지요.

그렇게 되면 사르트르의 사상에는 일관성이 사라집니다. 일이 순조롭게 진행되던 시기에는 무신론적 실존주의를 내세웠지만, 죽음에 가까워지자 결국 자신의 존재를 신에게 맡기고, 죽음에 대한 불안은 사고의 정지로 넘긴 것입니다.

그러나 이 일관성 없음도, 그의 실존주의에서 보면 'OK'입니다. 사르트르의 타자他者 개념에서는 '어제의 나'조차도 타자이기 때문입니다. 따라서 사르트르에게는 무신론자인 자신조차도 극복해야 하는 타자이며, 그 결과 신앙을 가진 자신도 그 나름대로 그의 실존주의와 모순되지 않는 것입니다.

인간은 책상처럼
정의할 수 없는 존재

이 속임수와 같은 사상을 일러스트와 함께 설명해 보겠습니다.

예를 들어 커피 컵, 책상, 의자는 커피를 마시기 때문에, 컵을 놓았기 때문에, 앉기 때문에 물건으로써의 역할은 변하지 않습니다. 목적본질이 명확하기 때문이지요. 어느 날 갑자기 의자가 의식에 눈을 떠 '이제 의자는 그만 두겠습니다'라고 선언하고 스스로 책상이 될 수는 없습니다.

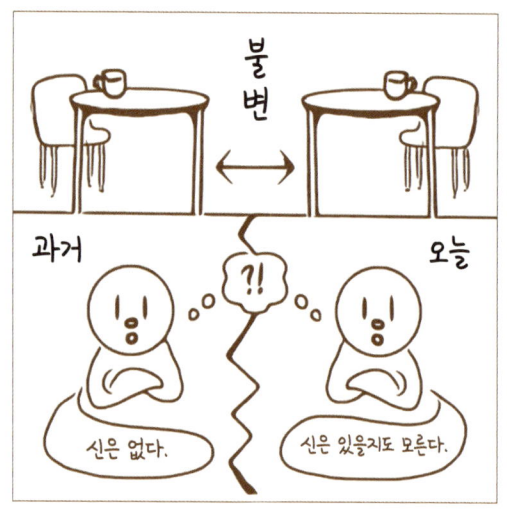

그렇다면 인간은 어떨까요? 인간은 애초에 '본질을 모르는 존재'입니다. 사르트르는 그것을 강조하였습니다. 본질을 모르는 존재이기에 '인식의 힘'으로 어제의 자신을 하나부터 열까지 전부 부정해도 사르트르의 사고에서는 아무런 문제가 없다는 논리가 됩니다. 어제의 자신이 무신론자일지라도, 의식이 과거의 자신을 점검하고 모험해 볼 수 있습니다. 그러면 어제까지 무신론자였지만, 신을 말하는 오늘의 자신이 새롭게 존재한다고 해도 문제가 없는 셈입니다. 이는 '갑자기 태도를 바꾸는' 것처럼 보이지만, '애초에 인간의 존재가 무엇인지 정의할 수 없는데, 어제의 나와 오늘의 내가 같은 나일 리가 없다'라는 의미입니다. 사르트르의 무신론 시대의 사상은 '실존주의는 휴머니즘이다'라는 강연에서 볼 수 있는데, 다음과 같은 인간관을 제시하고 있습니다.

> 실존이 본질보다 앞선다는 것은 무엇을 의미하는가. 그것은 인간이 먼저 있어서 세상이 존재하고, 세상에 불시에 모습을 드러낸다는 것을 의미하며, 그다음에 정의된다는 것을 의미한다.
>
> 《실존주의는 휴머니즘이다》

실존이 본질에 앞선다는 것은, 쉽게 말해 이런 것입니다.

여러분은 처음 자의식이 싹텄을 때를 기억하고 있나요? 저는 아주 어렸을 때 TV 애니메이션을 보며 '어라? 나는 살아있구나'라는 것을 확실하게 의식하였습니다.

그전에도 저는 존재하고 있었겠지만, 명확한 의식 없이 살아가는 상태였던 것이지요. 그 초기 상태_{실존}로부터 자신의 본질을 모색해야만 하는 단계로 이행하고, 수많은 모색이 실패 혹은 성공하여 시행착오 끝에 '현재의 나_{저자}'의 본질이 형성되어 갑니다. 이것이 바로 사르트르의 인간관입니다.

> 그 어떤 것도 분명한 신의 뜻 속에 존재하는 것은 아니다.
>
> 《실존주의는 휴머니즘이다》

> 그리스도교인들이 자신들의 절망과 우리의 절망을 혼동하여, 우리를 절망에 빠진 사람들이라고 부르는 것은 단지 그들의 기만에 의한 것이다.
>
> 《실존주의는 휴머니즘이다》

여기에서 [제1장] 키르케고르의 사상이 떠오릅니다.

그리스도교인들에게 절망은 믿음을 버리는 것. 그리스도교인으로 사는 키르케고르의 절망은 사람과 신의 '관계'의 좌절이라고 합시다. 반면 사르트르의 무신론적 실존주의 인간관에서는, 신이 있든 없든 인간으로서 어떻게 살 것인가를 말하고 있습니다. 그런 관점에서 볼 때, 무신론적 실존주의 인간관에 입각한 생활방식이 그리스도교 신자들에게 '절망에 빠진 사람들'이라고 불린다는 것은 조금 의외입니다. 그러나 인용문에 '분명한 신의 뜻'이라는 조건이 붙어 있기 때문에 어디까지나 신의 뜻을 부정하고 있지는 않지만, 그러한 민감함을 포함하고 있다는 점에도 유의해야 합니다. 이러한 균형 감각이 사르트르 무신론의 묘미였던 것입니다.

하지만 저울추처럼 균형 감각을 발휘한 사르트르가 30년 후에는 신에 대한 신앙을 전면적으로 이야기하다니, 정말로 인간의 본질이란 알 수가 없습니다. 요컨대 사르트르는 자신의 허세_{사르트르의 표현을 빌자면 '자기기만'일지도 모릅니다}를 그만둔 것입니다.

사르트르나 하이데거는 결국 '죽는 것이 두렵다'라는 불안을 철학적 요설로 감추고 있었던 것뿐 아니었을까요.

비트겐슈타인과 사르트르에게서
무엇을 배워야 할까?

비트겐슈타인과 사르트르의 사생관을 우리는 어떻게 이해하면 좋을까요? 비트겐슈타인처럼 죽음 직전까지 논문을 쓰고 거기에서 영원성을 느낄 수 있을 만큼 의식이 높은 사람은 드물 테고, 마약에 중독되어 너덜너덜해져 죽을 때까지 타락하는 사르트르의 '재능' 또한 보통의 인간에게는 없는 것입니다.

우리가 배울 수 있는 점은 두 가지로 정리할 수 있습니다.

사르트르의 실존주의에서는 '죽음 직전이라도 과거의 나를 극복하고 새로운 나로 살아갈 수 있다'라는 것을 배울 수 있습니다. 과거의 영광이 있을수록 과거의 자기 이미지에 매달리게 되지만, 원래 모든 인간은 '아무것도 아니기' 때문에, 자신이 어떻게 존재해야 하는지, 그때마다 '새로운 나'를 의식해 가는 것이 중요합니다. 사르트르의 말년 태도는 차치하고, 그의 사상에서 배울 수 있는 점은 참 많습니다.

비트겐슈타인에게서는, 비록 어떤 상황에 놓이더라도 목적 중심으로 살아가는 아름다움을 배울 수 있습니다. 죽음 직전까지 진리를 탐구한 그의 태도는 철학자로서 이상적입니다. 그렇게 목적에 초점을 맞추면 죽음에 대한 불안을 넘어 '영원성'을 느낄 수 있으며, 거기에서 인간이 갖는 미지의 가능성도 볼 수 있습니다.

침묵을 지켜야 한다?

이번 장을 돌아보면, 비트겐슈타인이 죽음에 대해 최종적으로 내린 철학적 태도_{신비에는 침묵한다}는 철학의 '종언 선언'이기도 합니다. 그러나 우리가 당면한 목적인 '사생관'의 탐구에 있어서는 아직 다른 경로가 남아 있습니다.

바로 종교 사상가들의 사색을 둘러싼 이야기입니다.

만약 철학에서 종교 사상으로의 환승이 싫다면, 일단 여기_{철학적 결론}에서 멈추어도 괜찮습니다. 만약 흥미가 있다면 철학 사고의 한계_{종착역}까지 가서, 거기에서 다른 노선으로 환승도 가능합니다. 환승역까지 타고 온 열차는 철학이었지만, 환승 후의 열차 종교인가 더 멀리 갈 수 있을 것 같다는 생각도 듭니다. 다음 장부터는 '은하철도 999'에 올라탔다고 상상하고 신비의 세계를 향해 출발해 보겠습니다.

7장

'죽음에서 되살아난'
그리스도

vs

'지금도 살아있는'
구카이,
그리고 '영성을 발견한'
스즈키 다이세쓰

예수 그리스도

Jesus Christus, BC 4~AD 30

그리스도교의 창시자.
붙잡혀 십자가형에 처했으나, 죽은 뒤 사흘째에 부활.
종교인 가운데 죽음을 극복한 희귀한 존재다.

비트겐슈타인이 침묵이라는 결단을 내린 '신비'의 영역에 드디어 돌입해 보겠습니다. 죽음에 관한 문제 가운데 인류가 역사상 마주한 유명한 신비로 두 가지를 꼽을 수 있습니다. 그리스도의 부활과 홍법대사 구카이가 고야산 오쿠노인에 지금도 살아있다고 여기는 신앙입니다.

반면 생사의 경계를 뛰어넘는 체험으로 여겨지는 '임사 체험'에 관해서는 이미 수많은 연구가 있습니다. 저는 그러한 체험을 어느 정도는 믿고 있는데, 그 방향성으로 논의를 진행하면 수습하기가 어려워집니다. 의학적 영역과 영적 영역이 뒤섞인 구전 역사oral history로서의 임사 체험에 관한 연구는 향후 진행되겠지만, 이 책에서는 다루지 않겠습니다.

그리스도를 철학적으로
어떻게 생각해야 할까?

동서고금으로 철학자의 사상을 살펴보아도 극복할 수 없는 것이 '죽음'과 그에 관한 인간의 의식, 불안과 공포의 문제입니다. 여기에서 죽음을 극복했다고 여겨지는 예수 그리스도의 존재가 떠오릅니다.

딱 잘라 '죽음을 극복한 인간'이라고 말할 수 없는 이유는, 교의에서 예수 그리스도는 마리아가 성령에 의해 잉태한 '신의 자녀'로 여겨지고 있기 때문입니다. 믿음의 유무, 종파의 차이 등에 관계없이 교의적으로 그리스도는 인간이 아닙니다.

르네상스까지는 철학이 신학의 범주에 있었습니다. 중세 이탈리아를 대표하는 신학자 토마스 아퀴나스Thomas Aquinas, 1225~1274는 인간을 이성적 존재로 보고, 그 한계를 알면서도 신비를 포함한 신을 모든 실재에 대해 스스로를 열어갈 수 있는 존재로 보았습니다《토마스 아퀴나스 - 이성과 신비》. 이는 당시 이성으로만 성립되는 아리스토텔레스의 철학 체계를 신학 속에서 어떻게 해석할지에 관한 논쟁에서 도출되었습니다.

그리스도나 구카이 등 생사를 초월한했다고 여겨지는 존재를 철학적으로 어떻게 해석하면 좋을지, 그에 대해서는 이 중세의 논쟁과 그 대답으로서 토마스 아퀴나스의 이론을 참고하면 연결되지 않을까 생각합니다. 다시 말해 이성을 유지하면서 '저쪽'에 스스로를 열어가는 자세를 배울 수 있습니다.

다만 토마스의 이론과 관련된 논의를 파고들다 보면 신학의 논쟁인간의 보편성이란 무엇인가, 천사란 무엇인가 등 속에 뛰어들게 되고, 신학의 장르를 모르는 사람에게는 복잡한 미로처럼 느껴질 수도 있으므로 여기에서는 토마스의 인간관인간의 이성에는 한계가 있지만, 자기를 넘어 신비로운 존재로 스스로를 열 수 있다는 생각을 참고하여 논의를 전개하고자 합니다. 중세 철학은, 비트겐슈타인이 침묵한 '신비'에 대하여 더 깊은 사상의 가능성을 보여준다고 생각합니다.

그렇지만 사생관을 생각할 때, 롤 모델로서의 그리스도는 너무나 먼 존재입니다. 키르케고르는 그리스도를 모방하여 살아가려고 했지만, 속세로부터 비난을 받으며 고달픈 일생을 보냈습니다제1장. 우리도 그리스도처럼 살고

자 할 수도 없는 노릇이고, 애초에 그리스도는 인간이 아니라고 여겨집니다. 중세의 신비 사상가인 토마스 아 켐피스 Thomas à Kempis, 1380경~1471는 저서 《그리스도를 본받아 The Imitation of Christ》에서, 인간은 하나님 앞에서 겸허해야 하며 철학적 지식은 신앙 앞에서 아무런 도움이 되지 않는다고 말했습니다.

그러나 이대로 가만히 있을 수 없으니, 성경 속에서 비교적 알기 쉬운 사례를 찾아 생각해 봅시다. [제1장]과 [제2장]에서도 다루었던, 그리스도의 힘으로 부활했다는 인간 '나사로'입니다. 그리스도는 너무 크지만, 인간 나사로라면 조금은 가깝게 느낄 수 있을 것입니다.

<나사로의 부활>을 통해 이해하는 그리스도

나사로는 어떤 인물일까요? 그는 [제1장]에서 키르케고르의 《죽음에 이르는 병》 인용으로 이미 한 차례 등장했는데, 이번 장에서는 신약성서를 통해 더 자세히 살펴봅시다.

첫 번째 단서는 《루가의 복음서》 10장 <마르타와 마리아>에 있습니다. 여기에 나사로의 이름은 나오지 않지만, 나중에 자매 마르타와 마리아가 부활하는 나사로의 가족이라는 사실이 밝혀지면서 나사로의 존재가 등장합니다. 참고로 여기에 등장하는 '마리아'는 그리스도를 낳은 '성모 마리아'가 아닙니다. 성경에 입문할 때 어려운 점은, 성경 속 같은 이름의 인물이 여럿 등장하기 때문에 틀리기 쉽다는 점이지요.

<마르타와 마리아>

일행이 걸어가는 동안, 예수는 어느 마을에 들어섰다. 그러자 마르타라는 여인이 예수를 집으로 맞아들였다. 그녀에게는 마리아라는 자매가 있었는데, 그녀는 주님의 발치에 앉아 그 이야기를 듣고 있었다.

에피소드는 이렇게 시작합니다. 마리아는 그리스도의 주변을 돌보지 않고 그리스도의 발치에서 그저 이야기를 듣고 있을 뿐이었습니다. 그런 태도에 화가 난 마르타는 그리스도에게 '도와달라고 말씀해 주세요'라고 부탁하였습니다. 그러자 그리스도는 마르타에게 '마리아는 좋은 선택을 했다. 그것을 빼앗아서는 안 된다'라고 타일렀습니다. 마르타와 마리아 자매가 대조적인 존재로 묘사되는 이 에피소드는 다양한 해석이 가능합니다. 저는 이것을 성별에 따른 역할 부담의 문제로 읽었습니다. 이것은 오늘날에도 '흔히 있는 이야기'로, 여성은 '배우는 것보다 조신하게 남성을 위해 움직이는 것이 좋다'라는 스테레오 타입이며, 거기에 스스로를 대입하는 여성은 의외로 적지 않습니다. 그러나 이렇게 성별에 따른 역할이라는 가정을 넘어, 그리스도는 가만히 소중한 이야기를 듣는 태도를 좋다고 한 것입니다.

종교인에 따라서는 이 에피소드를 '나답게 살라'라는 메시지나 '관상적으로 생활하라', '그리스도의 말씀을 최우선하라' 등 다양하게 해석하고 있습니다. 모두 '그렇군'이라며 고개를 끄덕이게 하는 바는 있습니다만, 이 이야기의 어느 부분에서 <나사로의 부활>과 연결되는지가 문제가 됩니다.

마리아와 마르타에게는 그밖에도 형제가 있는데, 그 형제 중 한 명이 나사로였습니다. 즉 나사로가 죽음에서 부활하기 이전에, 그 자매와 그리스도가 일종의 신뢰 관계에 있었다는 서론을 읽을 수 있습니다. 이제 <나사로의 부활>의 본편으로 들어가겠습니다. 성경 《요한복음》 11장을 읽어 봅시다.

< 나사로의 죽음 >

어떤 환자가 있었다. 마리아와 그 자매 마르타의 마을, 베타니에 사는 나사로였다. 이 마리아는 주로 향유를 바르고 머리카락으로 주의 발을 닦은 여인이다. 그 형제 나사로가 아팠다.

마르타와 마리아 자매는 그리스도에게 나사로의 병환을 전하러 갔지만, 그리스도는 그대로 이틀 동안 움직이지 않았습니다. 그리고 그러는 동안 나사로는 죽고 맙니다. 그리스도는 나사로가 묻히고 사흘 후에 그 장소로 가서 나사로를 완벽하게 부활시켰습니다. 나사로를 부활시키기 전 그리스도의 말씀은 곧 그리스도의 사생관이라고 말해도 좋을 것입니다.

나는 부활이요, 생명이다. 나를 믿는 자는 죽어도 산다. 살아서 나를 믿는 사람은 결단코 누구도 죽지 않는다. 그것을 믿는가.

나사로가 부활한 이 에피소드는 키르케고르를 다룬 [제1장]에서도 언급한 것처럼 사람들이 그리스도를 열광적으로 믿는 계기가 되었습니다. 그러나 동시에 위정자로마 제국의 표적이 되고, 또 유대교 장로들의 질투의 씨앗이 되기도 하였으며 그리스도를 체포하는 계획의 발단이 되기도 했습니다. 그야 당연합니다. 인류 최대의 불안인 '죽음'을 시원하게 극복할 수 있었다면 철학이나 종교, 과학, 군사 등을 뛰어넘는 힘을 가진 존재가 되어 왕이나 정치인이 권력을 유지할 수 없게 되기 때문입니다. 여기에는 '사생관'을 둘러싼 정치 역학이 작용하고 있습니다.

하지만 그리스도교를 믿지 않는 사람은 '나사로가 부활했다', '그리스도가 부활했다', '그리스도를 믿는 자도 언젠가는 부활한다죽어도 산다' 등의 사생관을 도저히 믿기 어려울 것입니다. 믿든 믿지 않든, 실존주의는 키르케고르의 기독교 신앙에서 비롯되었으며《차라투스트라는 이렇게 말했다》역시 그리스도교에 대한 안티테제antithesis, 반대 의견로 창작되었습니다. 무신론적 실존주의를 내세운 사르트르마저도 본인의 죽음에 직면하니 신앙에 의존하지 않을 수 없었습니다. 이는 서양 사상에 있어 그리스도가 직접 보여준 '죽음을 초월하다'가 엄청난 충격이었다는 증거일 것입니다.

　르네상스 이후 서양 철학에서 삶과 죽음에 관한 문제는 아무래도 그리스도의 존재를 배제하고 사생관을 재구축하려고 했다는 점에 있습니다. 그리고 대부분, 아니 오히려 모든 일이 실패 혹은 어중간하게 끝나버렸다고 해도 과언이 아닙니다. 서양 철학은 모든 면에서 그리스도의 존재에 속박되어 있는 것입니다. 그에 대한 해방을 목표로 기묘한 인공 구조물과 같은 실존주의를 세운다고 해도, 결코 해소할 수 없는 죽음에 대한 불안과 허무감에 제창자 본인이 짓눌려 버립니다.

　반면 동양 사상에는 이러한 속박이 없습니다. 그래서 이렇게 서양 철학의 여정을 살피다 보면, 새삼 동양 사상으로 사생관을 배우는 데에 의의가 있다고 생각할 수 있습니다. 일본에는 '그리스도의 부활'과는 다른 방법으로 죽음을 극복한 인물이 있습니다. 진언종의 창시자인 홍법대사 구카이입니다. 구카이는 유도·도교·불교라는 동양 사상을 비교하는 저서 《삼교지귀三教指帰》를 남겼으며, 불교 중에서도 신빙성이 강한 밀교를 터득하였습니다.

그의 사생관 속에 중요한 힌트가 숨겨져 있지 않을까요?

지금부터 기독교와는 다른 세계에서 진화를 이룬 구카이의 사생관을 살펴보도록 하겠습니다.

구카이

空海, 774~835

헤이안 시대의 승려. 홍법대사. 진언종의 창시자. 804년 당나라에서 유학했다. 장안에서 청룡사의 혜과스님에게 밀교를 배우고 2년 후 귀국하면서 밀교를 일본으로 가져왔다. 저작으로는 《성령집性靈集》 등이 있다.

구카이는
지금도 살아있다?

죽음을 극복한 그리스도는 '나를 믿으면 죽지 않는다'라고 했지만, 일본에는 '구카이는 지금도 살아있다'라는 전승傳承이 있습니다. 이른바 '큰스님 신앙'입니다.

제가 처음 구카이를 알게 된 것은 초등학생 시절. 청소년을 위한 학습 만화를 읽고, 구카이라는 인물의 스케일에 압도되었습니다. 이 책은 초등학생도 알기 쉽도록 쓰여 있는 전기 만화 시리즈 중 한 권으로, 다른 위인전은 마지막에 '이렇게 죽었다'라고 끝나지만 구카이만은 달랐습니다.

학자 스타일의 캐릭터가 해설자로 등장해 아이들에게 이렇게 이야기합니다.

'입정入定이라는 말은 구카이가 죽은 것이 아니라 영원한 선정에 들어갔다는 거야.' 그에 아이들은 '큰스님구카이은 지금도 살아계신다는 말이군요'라고 대답합니다. 그리고 '큰스님은 항상 산에서 내려와 우리와 함께 계시지', '구카이는 오늘날의 우리를 어떻게 보고 있을까?'라는 시공을 초월한 장대한 대화로 마무리되고 있습니다. 당시에는 의미를 알 수 없었지만, 이제는 만화 속에 등장한 아래의 세 가지 대사를 이해할 수 있게 되었습니다.

'영원한 선정마음을 통일하여 정하다.'
'지금도 살아 있다.'
'우리와 함께同行二人.'

이 세 대사가 구카이의 사생관을 단적이고 정확하게 표현한 말이라는 사실을 새삼스레 깨닫게 된 것입니다. 그러나 한편으로는 구카이의 유언에 '미륵보살이 있는 도솔천보살이 사는 곳, 보살이 설법하는 곳으로 가서 구름 사이로 우리를 지켜보고, 먼 훗날에는 미륵보살과 함께 이 세상에 와서 나의 발자취를 찾겠다'라는, 일종의 예언 같은 문구가 남아 있음을 잊지 말아야 합니다.

다시 말해 '지금도 살아있다'라고는 하지만, '도솔천에서 우리를 지켜보고 있다', 그리고 때로는 '우리와 함께 살고 있다'라는 이중적인 의미로 '살아있다'라는 것이지, 사람으로서 이 지상의 어딘가에 계속 살아있다는 의미는 아닙니다. 이는 신앙을 가지지 않은 현대인은 이해하기 어렵겠지만, '큰스님 신앙' 덕분에 '믿을 수 없는 우연이 일어났다', '기적처럼 목숨을 건졌다' 등 자기 인생에 일어난 공시성 synchronicity을 구카이의 존재와 겹쳐보는 사람이 많다는 것 또한 사실입니다. 야스퍼스가 말하는 '암호'라고 생각하면 확 와닿지 않나요?

겐로쿠엔에서 구카이를 만나다!?

저는 이번 장을 집필하는 시기에

믿을 수 없는 우연을 만났습니다.

저는 구카이의 생애를 설명할 때, 판타지의 색이 짙은 2017년 중·일 합작영화 <요묘전: 레전드 오브 더 데몬 캣 Legend of the Demon Cat>보다 1984년 개봉한 기타오지 긴야 주연의 영화 <구카이空海>가 더 좋다고 생각해 이 책에서 꼭 소개하고 싶었습니다. 그런데 우연히 들른 가나자와시의 공원 겐로쿠엔에서 기타오지 긴야 씨가 드라마를 촬영하고 있었던 것이 아니겠어요!

그때 마침 영화 <구카이>를 생각 중이었던 저는 저도 모르게 '아, 구카이가 있다!'라고 소리치고 말았습니다. 그는 거물급 배우인 만큼 주변에 관리해 주는 사람이 많아 도저히 접근할 수 있는 상태가 아니었는데, 무려 기타오지 씨가 저에게 다가와 어떻게 그런 옛날 영화를 알고 있냐며 상냥하게 말을 걸어주었고, 심지어 이 흔치 않은 만남의 에피소드를 기회가 있다면 발표해도 괜찮냐는 제 물음에도 흔쾌히 승낙해 주었습니다.

구카이에 대한 믿음이 있는 사람은, 구카이에 얽힌 신기한 경험을 겪은 사람이 많은 것 같습니다. 저 역시 구카이가 '힘'으로서 지금도 살아 있어, 저를 기타오지 씨와 만나게 해준 것 같다는 생각이 듭니다.

또한 제 주변에서도 '위기의 순간에는 언제나 구카이의 힘이 도와주었다'라는 에피소드를 심심찮게 들을 수 있습니다. 얼마 전에도 SNS에 '구카이를 믿고 나서 겪은 신기한 우연을 들려주세요'라는 글을 올렸더니, 바로 '구카이에 관한 기적 같은 체험담'이 올라왔습니다. 여기에서 구체적인 예를 들지는 않겠지만, 아마 높은 확률로 '구카이의 힘'을 이야기할 것입니다. 어쩌면 구카이는 '어떤 종류의 에너지'로서 지금도 존재하고 있을지도 모릅니다.

이런 기적 같은 체험담을 모을 수는 있지만, 당연히 과학적인 증명은 불가능합니다. '구카이가 살아있다'라는 사상은, 비트겐슈타인도 침묵을 지킨 '말할 수 없는' 영역의 이야기이기 때문입니다. 비트겐슈타인이 '말할 수 없다'라고 한 것과 야스퍼스가 암호로 한 영역은 어딘가 비슷한 부분이 있을지도 모릅니다. '말할 수 없는' 영역을 탐구하고 삶과 죽음을 초월한 영역에 자신을 둔 종교인으로서의 구카이에게, 서양 철학에서는 찾을 수 없었던 답이 있을지도 모릅니다.

사실 과거와 현재, 미래가 뒤섞인 구카이의 사생관은 다른 종교인이나 어떤 철학자보다 독창성을 가지고 있다고 생각합니다.

구카이가 입정하기 전*죽기 전*에 쓴 다음 구절에는 구카이의 사생관이 잘 나타나 있습니다.

허공이 다하고, 중생이 다하고, 열반이 다하면 내 소원도 다함이니라.

《홍법대사 구카이 성령집 해설서》

이것은 고야산의 만등회*수많은 등불을 밝혀 공양한다*를 개최하기 위한 원문입니다. 이 법회는 '모든 자를 구원하는' 데에 목적이 있습니다. 다시 말해 사람의 수명이나 열반의 수명마저 '모든 것이 없어질 때까지 모든 자를 구합니다'라는 성명문이며, 재미있는 점은 구카이가 상정한 구제 대상이 인간에 한정되지 않고 '하늘을 나는 새', '땅에서 기는 벌레', '물을 헤엄치는 물고기', '숲에서 뛰어노는 짐승'까지 포함한다고 명기되어 있다는 점입니다. 또 첫머리의 '허공이 다하고'의 '허공'이 무엇을 가리키는지는 다른 장에 답이 나옵니다.

뜬구름은 어디로든 떠돌아다닌다.

책이 곧 정허공淨虛空이니라.

《홍법대사 구카이 성령집 해설서》

이 책의 편자인 미야사카 씨는, 뜬구름을 '근본적인 무지'에, '허공'을 '법성모든 존재의 본성, 부처의 진리'에 비유하고 있습니다. 요컨대 세속의 이것저것 잡다한 번뇌도 부처님의 진리에서 비롯된 것이며, 그 세상이 다할 때까지 구카이는 이 세상의 모든 것을 지켜보겠다고 예고하고 있는 것입니다.

구카이는 상당히 먼 미래까지 내다보며 미륵보살을 모시고 이 세상에 내려온다는 예고도 남겼는데, 그 구원의 대상은 땅속의 벌레나 하늘을 나는 새까지 이르는 장대한 규모의 사생관입니다. 또한 일반적으로 잘 알려진 '고야산 오쿠노인의 신앙구카이는 오쿠노인의 영굴靈窟에서 명상을 하고 있다'와 '미래에 미륵보살과 함께 나타난다', '동행이인항상 구카이와 함께 있다는 감각' 등 언뜻 보기에 모순된 사생관을 병존시키는데도 그렇게 느껴지지 않는 이유는, 구카이라는 인물의 사상과 사상의 규모가 너무 커서 어떤 형태로든 구카이의 힘이 나타나도 이상하지 않다고 느끼게 하기 때문일 것입니다.

오해를 사기 쉬운
구카이의 사생관

널리 일반적으로 '구카이의 사생관'을 보여준다고 말할 수 있는 문장은 구카이의 저작 《비장보약秘蔵宝鑰》의 '태어나고 태어나고 태어나, 생의 시작은 어둡고, 죽고 죽고 죽고 죽어, 죽음의 끝은 밝고'입니다. 많은 사람들이 이 문장을 구카이의 사생관이라고 믿고 있는 듯하지만, 이는 구카이의 사생관을 표현하고 있는 문장은 아닙니다. 만약 이것이 구카이의 사생관이라고 한다면, 구카이의 유언인 '미륵보살과 함께 내려온다'나 '허공에 다하고……'라는 내용과 모순이 생기기 때문입니다. 불교 학자이자 고야산대학 명예교수인 마쓰나가 유케이씨는 앞에 나온 '태어나고 태어나고……'라는 문장을 이렇게 해석하고 있습니다.

'거침없는 명언이 현대인의 관심을 끄는 경우가 많아, 구카이의 사생관을 대표하는 문장으로 여겨지기 쉽다. 그러나 본래는 삼라만상 속에 숨어 있는 진리를 깨닫지 못하고, 삼계를 계속 떠돌아다니는 보통 사람의 어리석음을 통탄하는

문구로 보아야 한다.'

《비장보약 해석본》

우리는 어디에서 왔고, 어디로 가는지 모른 채 떠돌아다닌다는 생각은 어디까지나 우리 같은 보통 사람들의 이야기이며, 구카이 자신의 사생관과는 나누어 생각해야만 한다는 의미입니다. 《비장보약》에서는 '태어나고 태어나고……'의 뒤에 이어지는 문장 속에 망설이는 보통 사람의 어리석음을 한탄하는 문장이 계속됩니다. 그와 동시에 이 한 문장이 '어디까지나 보통 사람을 비꼬는 듯한 묘사'인 것은 명확하지만, 유감스럽게도 사람은 '캐치프레이즈 같은 문구'에 눈길이 가기 쉽고 그것을 그 사람의 '대답'이라고 착각하기 쉽습니다.

'태어나고 태어나고 태어나, 생의 시작은 어둡고'라는 명문구는 앞서 말한 대로 구카이의 사생관이 아니라, 어디까지나 망설이는 일반인물론 저도 포함합니다을 향하고 있다는 점을 염두에 두어야 할 것입니다. 이것을 일러스트로 표현한 것이 다음 쪽에 나오는 그림입니다.

마쓰나가 유케이의 《즉신성불의 해석본訳注 即身成仏義》

에 의하면 '욕계'란 '욕망에 사로잡힌 생물이 사는 세계', '색계'란 '욕망은 버렸지만, 물질에 사로잡힌 생물이 사는 세계', '무색계'란 '욕망이나 물질에 대한 고집을 버리고, 정신에만 관심을 가지는 생물이 사는 세계'라고 되어 있습니다.

'태어나고 태어나고 태어나, 생의 시작은 어둡고, 죽고 죽고 죽고 죽어, 죽음의 끝은 밝고'는 욕계, 색계, 무색계를 윤회하는 보통 사람의 사생(관)에 대한 묘사입니다.

가쿠반(覚鑁, 1095~1143)
헤이안 시대의 진언종 승려. 흥교대사(興教大師)라고도 한다. 닌나지(仁和寺)에서 밀교를 배웠으며, 기슈(오늘날 와카야마현) 네고로(根来) 지역으로 옮겨 사찰 엔묘지(円明寺)를 건립했다.

가쿠반이 연결한 정토사상과 구카이의 사상

저는 '망설이는 일반인' 중 한 명이고 보통 사람 취급을 받아도 아무렇지 않지만, 독자 여러분 중에는 '왜 위에서 내려다보는 시선으로 보통 사람범부과 그렇지 않은 사람을 나눠야만 하는지' 마음에 걸리는 사람도 있을 것입니다. 평등해야 할 죽음의 구분에 슬며시 고개를 드는 불만과 의심은, 저도 이해할 수 있습니다.

그것을 해결한 것이 구카이의 사상과 정토사상을 융합시

킨 승려 가쿠반의 사상입니다.

가쿠반은 저서 《일기대요비밀집一期大要秘密集》에서 밀교와 정토사상을 아래와 같이 연결하고 있습니다.

> 만약 최후의 임종 의궤에 따르면, 파계한 승려와 비구니도 반드시 왕생을 얻게 된다.
> 조악한 남녀는 반드시 극락에 태어난다. 어찌하여 유지유계有智有戒를 행하느냐. 어찌하여 선남선녀를 만들 수 있겠는가.
>
> 《흥교대사 저술집 상》〈일기대요비밀집〉

여기에서 가쿠반은 모두를 왕생으로 이끄는 정토사상과 밀교의 대일여래 존재를 논리적으로 연결하였다고 말하고 있습니다. 또한 이 책은 '왕생의 요령'에 관한 실천적인 지침서로도 읽을 수 있습니다. 최후의 일순간에 대한 대처법이라는 의미에서는 장켈레비치도 내놓을 수 없었던 대답을 매뉴얼로 만들었다고 할 수 있지요. 가쿠반이 '모든 사람이 구원받는다'라고 한 방법은 다음과 같습니다.

그 극락은 어디에서든지 사방팔방으로 퍼져 있다. 관념의 선방, 어디에도 없다. 이와 같이 바라볼 때, 세간을 일으키지 않고도 곧 극락에 태어난다. 내 몸, 미타불교에서 서방 정토의 부처인 아미타불을 줄여 부르는 말에 들어가지 않으리라. 미타를 바꾸지 않고, 곧 대일大日이 되리라.

《흥교대사 저술집 상》〈일기대요비밀집〉

아미타는 정토사상의 스타와 같은 존재로, 모두를 구원한다는 슈퍼맨과 같은 부처이며, 반면 대일여래는 우주의 모든 생명의 근원으로 여겨지는 존재입니다.

우주 전체를 회사에 비유하면, 아미타는 현장에서 사원의 목소리를 자주 듣는 사장, 대일여래는 우주의 이사장실에 떡하니 버티고 있는 이사장을 떠올리면 이해하기 쉽습니다. 만약 우리가 이 회사의 직원이라고 가정하고, 항상 도와주는 사장이 사실은 이사장도 겸하고 있다고 생각하면 가쿠반 사상의 독특함이 조금 이해가 되지는 않나요?

극락은 어딘가 멀리 있는 것이 아니라, 모든 시간·공간에 편재사방팔방으로 퍼져 있다하고 있으며, 그것을 떠올림으로써 이와 같이 바라볼 때 '부처 세계'에 들어갈 수 있다세간을 일으키지 않고도 곧 극락에 태어난다는 설레는 도입부터, 자기 몸이 아미타 안으로 들어가는 내 몸, 미타에 들어가지 않으리라 아름다운 이미지로 전개되고, 아미타는 사실 우주 그 자체인 대일여래였다 미타에 들어가지 않고, 곧 대일이 되리라……라는 이야기가 시적이고 아름답게 느껴집니다.

가쿠반 사생관의 참신함

석가모니는 형이상학적 이야기에 대해 '무기답변을 피하다'를 관철했으나, 구카이부터 가쿠반에 걸친 전개는 영화 <끝없는 이야기The NeverEnding Story>나 <매트릭스The Matrix>와 같은 판타지나 SF 대작의 웅장함과 비슷한 설렘이 뒤따릅니다.

불교의 사생관이란 '이럴 것이다'라며, 이른바 '불교의 향기를 풍긴다'라고 단정 짓는 것은 매우 안타까운 일입니다. 수많은 종파가 제시하는 사생관 중에서도 저는 개인적으로 구카이에서 가쿠반에 걸친 전개에 크게 공감하였습니다.

자신의 사후를 도솔천으로 상정하며 미래에 모든 생물을 구원한다고 선언한 구카이가, 보통 사람을 기본적으로 영원히 헤맬 수 있는 존재로 설정하고 있던 것. 그 후 가쿠반이 정토사상 바탕에 있는 평등주의 사상과 구카이의 사상을 연결하여 새로운 이야기를 그린 것. 이 전개가 바로 일본의 불교관, 타계관의 완성이라는 생각이 듭니다.

스즈키 다이세쓰

鈴木大拙, 1870~1966

불교 철학자. 가쿠인 대학·오타니 대학 교수.
27세에 미국 일리노이주 라살시에 있는
오픈코트 출판사 The Open Court Publishing Company 에서
편집원으로서 약 11년간 근무했다.
영문으로 불교, 특히 선禪을 소개하며 동서의 사상·문화의
교류에 공헌하였다.

정토진종에서 영성을
발견한 스즈키 다이세쓰

이와는 다른 사생관을 가지고 일본 불교 사상의 완성을 발견한 인물이 바로 스즈키 다이세쓰입니다. 다이세쓰의 저서 몇 권을 살펴봅시다.

신란親鸞*은 삼부경三部經**에서 열대적인 것을 배격하고 일본 국민에 걸맞게 온화하고 평온하며 깊은 종교적 체험을

* 일본 가마쿠라 시대 전반에서 중기에 걸쳐 활약했던 고승. 정토진종의 종조로 여겨지고 있다.
** 불경 중에서 계통이 같은 중요한 세 가지 경전을 묶은 것.

가진 것을 찾았다고 할 수 있다.

《정토계사상론》

　석가모니가 인도에서 깨달음을 얻은 후, 불교는 대승불교 부처가 많은 사람을 구원하고 깨달음의 세계로 이끈다가 되어 그것이 중국을 통해 일본에 들어왔는데, 다이세쓰는 가마쿠라 시대가 되면서 신란이 열대 아시아인도의 풍토적이고 장식적인 부분을 지우고 일본 풍토에 맞게 불교 사상 전반을 쇄신했다고 생각하였습니다. 신란은 일본 정토종의 시조인 호넨法然의 제자라는 의식이 강하기 때문에 자기 업적의 새로움을 주장하지는 않았지만, 다이세쓰는 신란의 사상에서 일본 불교의 완성을 발견한 것입니다.

　다이세쓰는 신란을 높게 평가하는 한편, 구카이나 사이초 最澄***의 사상에는 아쉬움이 남는다고 한탄하였습니다. 도대체 무엇이 부족하다고 생각했을까요? 다이세쓰는 구카이와 사이초에 대해 '대지가 부족'하다고 비판합니다.

　　　*** 일본 헤이안 시대의 승려로, 일본 천태종의 개조로 여겨진다. 칭호는 전교대사(傳敎大師)이다.

영성이라고 하면 자못 관념적인 그림자처럼 생각할 수도 있지만, 영성만큼 대지에 깊이 뿌리내리고 있는 것은 없다. 영성은 생명이기 때문이다. 대지의 밑바닥에는 끝을 알 수 없는 것이 있다. 하늘을 나는 것이나 하늘에서 내리는 것에도 경이로움이 있다. 그러나 그것은 어디까지나 외부에서 왔으며, 자기 생명의 내부에서 온 것은 아니다. 대지와 자신은 하나다. 대지의 밑바닥은 자기 존재의 밑바닥이다. 대지는 나 사진이다. 도성의 귀족들, 그 뒤에 매달린 승려들은 대지와 몰교섭의 삶을 살았다. 중략 홍법대사처럼, 전교대사처럼, 여전히 대지와의 접촉이 충분하지 못하다.

《일본적 영성》

대지가 부족하다? 굉장히 추상적인 비판이지만, 기시감이 있는 말이기도 합니다. 니체의 《차라투스트라는 이렇게 말했다》에 등장한 '대지'의 개념입니다 제2장.

다이세쓰는 《일본적 영성》에서 니체의 이름을 언급하지는 않지만, '대지성大地性' 등의 개념을 방패로 삼아 구카이나 사이초를 비판하고 있으므로 아마 니체로부터 어떠한 영향을 받지 않았을까 생각합니다. 니체의 작품으로 돌아가 확인해 봅시다.

> 정신의 고행승은 뺨이 창백하게 변했다. 기대가 너무 커서 굶어 죽을 뻔했다. 그의 눈에는 여전히 경멸이 남아 있으며, 입가에는 역겨움이 서려 있었다. 지금 쉬고는 있지만, 그는 아직 누워서 햇볕을 쬔 적은 않다. 그는 황소처럼 행동해야 했다. 그의 행복은 대지를 경멸하는 냄새가 아니라, 대지의 냄새여야 한다.
>
> 《차라투스트라는 이렇게 말했다》

여기에서 니체는 '정신의 고행승'에게 '대지'가 부족하다, '대지'를 경멸해서는 안 된다고 경고하고 있는데, 다이세쓰가 《일본적 영성》에서 '대지성'을 강조했던 이유는 이러한 니체의 그리스도교 비판에서 배웠기 때문이 아닐까요?

제가 구카이를 비판하는 다이세쓰에 대해 타당성을 판단하기는 어렵지만, 어쨌든 다이세쓰는 개인 안에 있는 '대지의 영靈'에 무게를 두고, 대지와 인간의 개체에서 영성을 찾아낸 것입니다. 이는 매우 관념적이고 막연한 이야기이긴 하지만, 다이세쓰가 니체의 그리스도교 비판을 환골탈태하여,

비판 대상을 귀족적인 헤이안 시대의 불교로 대체했다고 생각하면 이해하지 못할 것도 없을 것입니다.

다이세쓰의 이력에는 20대에 미국으로 건너간 경험도 있으며, 저서 《정토계사상론》은 정토사상의 고찰임에도 '이데아'에 대해 언급하고 있습니다. 또한 분명히 마르크스를 의식한 인용 등도 볼 수 있습니다.

다이세쓰는 서양 철학자의 시선으로 일본의 정토사상을 바라보고, 거기에서 서양 철학이나 신학에는 없는 새로움을 찾아냈다고도 할 수 있습니다. 그것은 정토진종의 타력아미타가 끊임없이 어떤 사람이든 구원하려는 힘이 얼마나 성숙한 종교인지에 대한 것입니다. 다이세쓰는 그것이야말로 서양 사상에는 없는 일본의 독자적인 사생관이라고 생각하였습니다. 그리스도는 '믿으면 구원 받는다'라는 조건이 붙지만, 절대적으로 타력을 믿는 정토진종에서는 '○○를 하면 구원 받는다'라는 조건이 없습니다. 여기에 독자성이 있는 것이지요.

또한 다이세쓰는 《정토계사상론》에서 '정토는 어디에 있는가?'라는 물음에 대해 상식적인 시간과 공간의 관념에 빠져서는 안 된다고 강조하고 있습니다. 우리가 시간이나 공간이라고 생각하는 것의 '외부'에, 논리를 뛰어넘는 종교적인 것비트겐슈타인이 침묵한 것이 있고, 거기에서 생사를 초월한 하나의 길을 찾아낸 것이 다이세쓰의 사상이라고 할 수 있습니다.

> 정토를 시간적으로 죽음 후에 두고, 공간적으로 서방 십만 억토에 두는 것은 사바인의 사고방식에 대해 타협성을 나타내는 것이다.
>
> 《정토계사상론》

> 정토로 가는 길은 '무애無礙의 길'이다. 이 길은 사바의 것이 아니다. 사바에서는 어디를 가든 부딪칠 수밖에 없다. 그러므로 모든 대립적인 것을 버리고 절대불이한 것, 즉 타력의 본원에 따라야 한다.
>
> 《정토계사상론》

'무애의 길'이란 아미타에게 구원받아 어떠한 방해도 없다는 의미로, 절대 타력의 믿음을 말합니다. 또 '사바'는 이 세상, 우리가 살고 있는 속세를 말합니다. 정토는 사후 세계라는 일반적인 해석에 의문을 제기하고 재해석한 다이세쓰가 도달한 경지가 '정토와 사바란 무애의 한 가지 길로 연결되어 있다'였습니다. 정토를 우리가 사는 이 세상의 상식적인 시간·공간으로 파악하지 말 것. 그리고 생사=혼란스러움의 세계가 그대로 열반임을 깨닫는 것.

다이세쓰의 사생관에 의하면, 우리가 살아있는 혼란스러움의 세계사바와 저쪽 세계정토의 경계는 부차적인 것이 됩니다.

> 한 편에 진리계가 있고 다른 편에 방편계가 있다고 하면, 그 사이에 어떠한 공간적 관계를 생각하지만, 사실 그 자체로 보면 우리는 모두 두 세계에 동시에 존재하는 것이다.
>
> 《정토계사상론》

진리계, 방편계라는 표현이 어렵게 들릴지도 모르지만, 《정토계사상론》에 '진실계란 정토, 방편계는 사바라고 해도 좋다'라는 단서가 있어 간단하게 설명하자면, 다이세쓰는 '인간은 누구나 정토와 이 세계에 동시에 존재하고 있다'라고 주장하는 것입니다.

'석가모니는 죽음에 대해 어떻게 말했을까?'라는 의문

이쯤에서 새삼 궁금해지는 것이 석가모니의 사생관입니다. 정토사상이나 구카이·신란의 사상, 스즈키 다이세쓰가 내놓은 대답은 모두 애초에 불교가 다양한 땅에서, 또 다양한 역사를 거쳐 크게 변형된 결과입니다. 그렇다면 불교의 창시자인 석가모니의 사생관을 재확인해야겠지요. 다음 장제8장에서는 석가모니의 사생관에 대해 살펴보겠습니다.

또한 [제9장]에서는 이번 장의 후반부에서 다룬 정토사상을 서양적 사후 세계의 이미지와 비교하면서 검증합니다. '저승 이야기'를 그대로 믿는 것이 아닌, 다이세쓰가 신란의 사상에서 철학적 시사를 발견한 것처럼 '저승 이야기'에 철학적 힌트는 없는지 다시 점검해 봅시다.

죽음이란 무엇인지 생각해 볼 때가 되었다

8장

석가모니
는 죽음에 대하여
무엇을 말하였을까?

VS

데즈카 오사무
는 석가모니의 죽음을
어떻게 그리고 있을까?

석가모니

Buddha, BC 463~BC 383

불교의 창시자.
흔히 알려진 '붓다'라는 호칭은 '깨달은 자'라는 뜻으로,
그 호칭으로 석가모니를 부르기도 한다.

석가모니는
어떻게 세상을 떠났는가?

　　　　　　　　　석가모니는 어떤 최후를 맞이했을까요? 성경의 예수 그리스도처럼 상세한 기록은 없지만, 불교학자 나카무라 하지메가 저서 《고타마 싯다르타 - 석가모니전》에 석가모니의 생애를 정리하였습니다. 사실 원시 불경에 관한 연구는 지금도 다양하게 진행되고 있어 나카무라 하지메의 의견도 찬반으로 나뉘기는 하지만, 원시 불경을 알기 쉬운 현대어로 일반인에게 전했다는 의미에서는 역시 그를 개척자라고 할 수 있을 것입니다.

　　나카무라 하지메는 이전까지 한역漢譯 중심이었던 불교

연구의 흐름을 바꾸어 더 오래된 원시 불경팔리어 중심으로 쓰인 것을 현대어로 번역했습니다. 그 전 일본에서는 후세 사람들이 덧붙이거나 독자적으로 해석한 경전이 주류를 이루고 있었는데개인적으로는 일본에서의 불교에 관한 일본적 전개가 흥미롭습니다, 석가모니가 실제로 무슨 말을 했고 어떤 생애를 보냈는지, 더 오래된 문헌을 단서로 삼아 나카무라 하지메가 다시 정리하면서 '일본의 불교란 무엇인지'가 새로이 보이기 시작했다고도 할 수 있습니다.

나카무라 하지메의 《고타마 싯다르타 - 석가모니전》을 단서로 석가모니가 어떻게 세상을 떠났는지, 그의 사생관은 어떠했는지에 대해 짚어 보도록 합시다. 이 책은 원시 불경에 나오는 일들을 단서로 삼아 썼으며, '임종'에 관한 장에서 석가모니의 최후를 그리고 있습니다. 석가모니의 마지막은 그리스

나카무라 하지메(中村元, 1912~1999)
일본의 인도 철학자이자 불교학자. 시마네현 마쓰에시에서 태어났다. 도쿄제국대학교 문학부 인도철학범문학과 졸업. 스탠퍼드 대학교, 하버드 대학교에서도 객원교수로 지냈다.

도의 책형磔刑, 기둥에 묶어 세우고 창으로 찔러 죽이던 형벌과 부활에 비해 너무도 조용한 최후였습니다. 사인은 대장장이 춘다가 제공한 음식에 의한 식중독으로 알려져 있습니다. 병든 채로 여행을 계속하며 임종에 이르기까지의 발자취를 정리하자면 다음과 같습니다.

① 여행 중 목이 말랐던 석가모니는 제자 아난다에게 물을 떠 오게 한다.
② 말라족 뿍꾸사대신이었다고 전해진다가 가져온 황금 옷을 석가모니가 입자 황금빛으로 빛났다.
③ 지친 석가모니는 물이 맑은 강가에서 목욕했다.
④ 제자 춘다에게 네 번 접은 옷을 바닥에 깔게 하였다.
⑤ 쿠시나가라에 도착. 아난다에게 머리를 북쪽으로 두라고 명했다.
⑥ 석가모니는 아난다에게 '아난다여. 나는 일찍이 이렇게 설파하지 않았는가. 모든 사랑하는 것, 좋아하는 것과도 헤어지고, 멀어지고, 달라지기에 이른다는 것을. 무릇 생기고, 존재하고, 만들어지고, 파괴되어야 하는 것인데 어찌 그것이 파멸하지 않도록 할 수 있겠는가.'

라고 말한다.

⑦ 눈을 감을 때도 수행자에게 설법하였으며, 수바드라가 마지막 제자가 되었다.

나카무라는 이러한 석가모니의 마지막을 '흐려지거나 얼룩이 남지 않는, 세심한 애정과 친화감이 가득한 임종'이라고 표현하고 있습니다.

반면 일반적으로 알려진 석가모니의 죽음은 어떠한 연출로 얼룩져 있는 경우가 많은 듯합니다. 예를 들어 미스미 겐지 감독의 영화 <석가>1961에서는 선녀에 이끌려 천상으로 올라가는 연출이 추가되었습니다.

그리고 석가모니를 소재로 한 많은 전기 작품 가운데 '석가모니의 죽음'에 대해 가장 먼저 떠올릴 수 있는 것은 데즈카 오사무의 만화 《붓다Buddha》의 묘사가 아닐까 싶습니다. 만약 가까운 지인에게 '무엇을 통해 부처님의 생애를 알게 되었는지'를 물으면, 많은 사람이 데즈카 오사무의 《붓다》를 꼽을 것입니다. 데즈카의 《붓다》에는 석가모니의 죽음이 어떻게 그려져 있는지 확인해 봅시다.

'어디까지나 만화지만……'라며
사전 예고한 데즈카의 석가모니

데즈카 오사무는 《붓다》의 마지막 묘사를 이렇게 표현하고 있습니다. 대장장이 춘다가 내민 음식을 데즈카가 개그로 자주 사용하는 캐릭터 '효탄쓰기누더기 표주박'로 바꾸고, 춘다의 대사도 '이 지방의 특산물입니다. 만화를 싫어하는 분은 입에 맞지 않으실 거예요'라고 하며 석가모니 죽음의 원인에 '어디까지나 이건 만화야'라는 메타적 메시지를 넣고 있습니다.

요즘 전기 만화에서는 저자의 창작과 사실을 섞어 그 내용이 마치 진실인 듯 보이게 만드는 수법이 유행하고 있는데, 그와 비교하면 데즈카의 표현은 만화가로서의 진지함을 느끼게 합니다.

데즈카 오사무

手塚治虫, 1928~1989

쇼와 시대 후기의 만화가이자 애니메이션 작가,
의학박사. 일본 만화의 개념을 바꿔, 문학과 영화 등
다양한 장르에 영향을 끼친 전후 일본 최대의 표현자.

데즈카 오사무는 석가모니의 죽음을
어떻게 그렸는가?

　　　　　　　　　　석가모니의 사생관 자체도 데즈카 오사무의 풍부한 표현력에 의해 변용되고 있습니다. 여기에도 주목해 보도록 하겠습니다. 앞서 언급한 나카무라 하지메의《고타마 싯다르타 - 석가모니전》의 기술과 비교하면서 데즈카의《붓다》에 그려진 석가모니의 죽음을 확인해 봅시다.

① 배탈이 난 석가모니를 아난다가 간병한다. 제자들은 '솔직히 말해 이제 오래 못 버틸 것 같다'라며 한탄한다.

② 그날 밤, 브라만범천이 석가모니의 집을 방문한다. 이른바 만화적 연출이다. 브라만이 '붓다, 아직도 당신은 죽는 것이 두렵습니까?'라고 묻는다제자 시점에서는 석가모니가 꿈을 꾸며 가위에 눌리는 것처럼 보인다. 브라만이 석가모니를 '대자연 속'으로 데려가겠다고 말한다.

③ 수바드라를 제자로 삼는 구절은 있으나, 뿍꾸사가 가져온 옷을 입고 황금빛으로 빛나는 신격화된 장면은 생략되어 있다.

④ 육체에서 상반신만 유체 이탈한 석가모니가 그려지고, 거기에 브라만이 등장한다. 그러나 석가모니는 아직 망설임 속에 있다는 연출이 더해지고 있다.

'내가 떠난 뒤⋯⋯, 내 평생에 걸쳐 한 이야기는 어떻게 됩니까!!'

석가모니는 브라만에게 이렇게 다그친다. 브라만이 석가모니의 손을 잡았다.

⑤ 석가모니의 가르침은 '인간애의 근본'이라는 해석이 더해져 '붓다는 대자연 어딘가에서 이 가르침이 가는 길을 언제까지나 지켜보고 있을 것이다'라고 끝을 맺는다.

데즈카가 그린 석가모니는, 어디까지나 '사후에도 계속 방황할 것 같은 석가모니'와 '그것을 인도하는 브라만'의 밀고 당기기였습니다. 망설임 없는 깨달은 자로서의 최후를, 불안에 시달리는 모습으로 그려낸 이 변화는 엄청나게 큰 각색이라고 생각합니다. 우주를 창조하고, 또 근본 원리이기도 한 브라만을 스승과 같은 캐릭터로 등장시킴으로써 굳이 인간으로서 고뇌하는 석가모니를 부각시키는 연출은, 석가모니도 우리처럼 방황하는 존재보통의 인간라는 생각을 들게 하기에 충분합니다. 실제 경전에 그려지는 석가모니에게는 그런 망설임이 없습니다. 이렇게 '망설이는 석가모니 캐릭터'가 데즈카의 창작입니다.

또한 석가모니가 설파한 가르침은 '진리'에서 '인간애의 근본'으로 자연스럽게 대체되었고, '열반'은 '대자연의 어딘가'라는 현세적 차원으로 내려왔습니다. 이 부분에서 데즈카의 의도가 무엇인지는 이해할 수 없습니다. 다만 그의 압도적인 필력 덕분에 '인간처럼 방황하는 석가모니'의 이미지가 널리 사람들에게 침투한 것일지도 모릅니다. 앞서 설명한 것처럼 은근슬쩍 '어디까지나 만화입니다'라는 표현을 넣고 있지만, 그렇다고 사실과 만화의 차이를 일부러 비교하는 독자는 많지 않을 테지요.

나카무라 하지메 역시 신비로운 에피소드를 부정하는 등 '석가모니의 인간화'를 긍정하는 유형의 학자이긴 했지만, 데즈카 오사무야말로 현대 일본에 인간 석가모니의 이미지를 정착시킨 장본인이라고 생각합니다.

제가 대학교 수업에서 석가모니의 생애를 설명하다 보면 '데즈카의《붓다》를 읽어서 알고 있어요'라는 학생들의 목소리를 자주 들을 수 있습니다. 데즈카의 권위가 높아진 까닭에 '데즈카 선생님이 그리셨으니 그 이야기는 분명 진실일 것이다'라는 각인의 영향력은 가늠할 수 없을 정도입니다. 이 각색에 관해 설명하기 위해서는 엄청난 노력이 필요한 것입니다.

이 만화를 시작으로 영화나 드라마, 노래 가사 등을 통해 '사후에는 대자연 속으로'라는 이미지가 확산되면서 간접적으로 일본의 장송 문화가 바뀐 점도 있다고 생각합니다. 특히 석가모니의 죽음을 애니미즘 이미지 속에 녹여낸 데즈카의 영향이 크겠지요.

데즈카가 살아있을 때 만화 문화는 주류로부터 비판을 받는 대상이었지만, 그 후 주류가 되었기에 '데즈카 오사무가 그린 석가모니^{붓다}'가 '일본인의 석가모니 이미지'의 다수파가 될 수 있었습니다.

석가모니는 죽음에 대해 무엇을 말하고 있었는가?

데즈카의 애니미즘적 불교 해석에 대해서는 나중에 다루기로 하고, 실제로 석가모니는 죽음에 대해 무엇을 말했을까요? 여기에서 《숫타니파타》의 '화살'을 말하는 장^{이하는 그 일부를 인용}에서 그의 사생관을 살펴봅시다.

> 이 세상 사람들의 목숨은 정해진 바가 없으며, 얼마나 살 수 있는지 모른다. 사람의 삶은 비참하고, 짧으며 고뇌를 담고 있다.
>
> 《숫타니파타》

젊은 사람도, 나이 든 사람도, 어리석은 자도, 현명한 자도 모두 죽음에 굴복하고 만다. 모든 자는 반드시 죽음에 이른다.

《숫타니파타》

석가모니는 죽음의 부조리와 그에 수반하는 사람들의 고뇌에 대한 공감, 그리고 죽음의 절대성을 설파했습니다. 사르트르가 언급한 '요절한 사람들'^{제6장}에 대해서도, 석가모니는 그 절대성 앞에 속수무책임을 꿰뚫어 보고 있었습니다.

그대는 온 사람의 길을 모르고, 또 떠난 사람의 길을 모른다. 그대는 삶과 죽음의 양극을 보지 못하고 부질없이 슬퍼 운다.

《숫타니파타》

스스로 자신을 해치면서 몸은 마르고 추해진다. 그렇다고 해서 죽은 사람들은 어쩔 수 없다. 슬퍼하는 것은 무익하다.

《숫타니파타》

만화 《붓다》는 자기 죽음을 슬퍼하는 석가모니의 모습을 그리고 있지만, 초기 불경의 석가모니는 그런 차원을 초월하고 있습니다. 육체가 망가진다고 해도, 존재는 현세를 초월한 차원에 있기에 불안은 없지 않았을까요. 식중독으로 사망하게 되는 식사에 대해서도 그것을 먹으면 육체적으로 죽게 된다는 것을 알고 있었지만, 시주로 받았으니 먹어야 한다며 입에 가져갔다고 널리 해석되고 있습니다.

> 스스로 슬픔과 애틋함과 근심을 버려라. 스스로 즐거움을 찾는 사람은 스스로 번뇌의 화살을 뽑아야 한다. 번뇌의 화살을 뽑아버리고 집착하지 않고 마음의 편안을 얻는다면, 모든 슬픔을 초월하여 슬픔이 없는 자가 되어 편안함을 얻는다.
>
> 《숫타니파타》

여기에서 석가모니는 가까운 자의 죽음에 대해 '슬퍼하다가 스스로를 망가뜨리는 것을 막는 일'의 중요성을 설파하고 있습니다. 죽음에 관한 석가모니의 메시지는 매우 단순합니다. '육체 죽음의 절대성'과 '가까운 자의 죽음을 슬퍼하지 말라', '그로 인해 자기 삶을 망치지 말라'라는 것입니다. '죽음을 슬퍼하지 말라'라고 해도 그건 쉬운 일이 아니지요.

참고로 '석가모니는 제자에게 장례를 치르지 말라고 말했다'라는 설은 오역에 기인하고 있습니다. 이에 대해서는 야마구치현립대학교의 스즈키 다카야스 교수가 정확히는 석가모니가 아난다에게 '유체 공양sarīrapūjāya을 할 필요가 없다'라고 말했을 뿐이며 장례식을 하지 말라고는 하지 않았다고 주장하고 있습니다. '유체 공양이라는 말은 일련의 시신처리 절차를 가리킨다'라는 말이 맞으며, '유체 공양'을 '장례식'으로 오역한 것이 확산되어 '장례식을 하지 말라'라는 설로 이어졌다는 것입니다.

어쨌든 장례라는 절차가 유족의 마음을 돌려놓고, 마음의 편안을 얻기 위한 중요한 의례라는 사실은 예나 지금이나 변함이 없습니다.

당연한 말이지만 장례식이나 제사라는 짧은 시간에 스님이 불경의 모든 내용을 설명하기란 불가능합니다. 고령화와 다사화多死化를 맞이한 현대 사회에서 '죽음'은 통계 수치로 이야기되는 경우가 많지만, 당연히 누구나 언젠가는 그에 직면하게 됩니다. 부모님이나 가까운 사람, 그리고 자신의 죽음. 다시 한번 말하지만, 자기 내면에서 수긍할 수 있을 때까지 죽음이라는 것과 마주하려면 스스로 생각하고 배우는 노력도 필요하다고 생각합니다. 그러므로 '역시 장례식은 필요하다'라는 결론에 이르면, 장례식 불교에 대한 일방적인 비판은 달라질 것입니다.

물론 비용 문제 등을 포함해 고민한 결론으로 '장례식은 필요 없다'라는 답이 도출되면 어쩔 수 없지만, 사고를 멈춘 채 비판만 한다고 좋은 결과가 나오지는 않습니다.

그러기 위해서라도 죽음에 대한 철학적이고 종교적인 사고는, 지금처럼 책을 읽어 보는 것까지 포함하여 매우 의미 있는 일이라고 생각합니다.

불경을 각색한 데즈카 오사무

석가모니의 사생관을 확인하였으니, 새삼 데즈카 오사무의 《붓다》의 각색이 궁금하지는 않나요? 사실 데즈카는 의식적으로 각색을 이행한 것 같은데, 이는 단순히 저의 추측이 아닙니다. 데즈카는《붓다》의 <후기 대신>에서 명확하게 서술하고 있으며, 특히 데바닷타와 아난다에 대해서는 '캐릭터를 완전히 바꿨다'라고 증언하고 있습니다.

그러나 여기에서는 석가모니의 임종이나 사생관의 각색에 관해서는 언급하지 않습니다. 그러므로 많은 독자가 일부 달라진 등장인물이나 에피소드 등에 관해서는 인지하고 있겠지만, 종교관 자체가 달라졌다는 것을 인지하는 사람은 그다지 많지 않을 것입니다. 저는 이를 우려하고 있습니다.

물론 개인적으로 창작자로서의 데즈카 오사무를 존경하고 있으며,《바르보라》,《인간곤충기》등 '창조성이란 무엇인가?', '예술이란 무엇인가?'를 묻는 만화는 읽으면 읽을수록 매력이 느껴지는 작품입니다. 그러나 좋아하는 창작자의 압도적인 필력을 알기에《붓다》와 같은 종교 사상의 각색에 대해서는 바로 경계심이 피어오르고 맙니다.

유작《네오 파우스트》와
사생관

　　　　　　　　　　이쯤 되니 만화가 데즈카 오사무의 사생관이 갑자기 궁금해지지 않나요? 그의 사생관을 조사하다 보면 의외로 '악마'와 '지옥'이라는 단어가 키워드가 떠오릅니다.

　　데즈카의 사생관이 가장 잘 드러나는 작품은 미완의 유작《네오 파우스트》라고 생각합니다. 미완성이기에 마지막에는 '휘갈겨 쓴 이름'이 그대로 간행되었는데, 그것 역시 데즈카의 마지막 숨결을 전하고 있습니다. 이 유작에 대해 데즈카가 직접 해설한 강연록이 있습니다. 그는 거기에서 무려 단테의《신곡》에 대해 언급하고 있습니다.

　　번뇌의 화신 같은 인간이라는 점이 저는 너무 좋아요, 약점 투성이고. 진지한 척하는 천사라든가 신보다는 더러움에 찌든 부정적인 에너지를 가진 현대인이라든가 혹은 현대인에게 만약 악마 같은 마음이 있다면 그 악마에게 절대적 매력이 느껴집니다. 우리가 하는 일은, 그에 의해 구성된 이야기가 매우 많아요. 예를 들어 단테의 《신곡》 중에서도 <지옥편>이 가장 재미있잖아요.

《네오 파우스트》 〈후기 대신〉

이 강연은 데즈키 오사무가 위암으로 60세의 나이로 사망하기 직전 해인 1988년 9월 27일에 개최되었습니다.

《네오 파우스트》는 괴테1749~1832의 희곡 《파우스트 Goethe's Faust》를 리메이크한 작품으로, 《네오 파우스트》 역시 괴테의 희곡을 크게 각색하고 있으며 바탕에 있는 사생관은 분명 니체의 '영원 회귀'를 모델로 하고 있습니다.

주인공 파우스트는 젊어진 자신기억은 없지만 재능만은 유지한 채로과 늙어버린 자신이 해후를 이루는 뫼비우스의 고리 같은 존재로 그려집니다. 늙어버린 주인공은 가루가 되어 사라지고, 젊은 주인공으로 교체됩니다.

반복해서 그린
원환 모양_{영원 회귀}

데즈카는 이전에도 《불새 Phoenix》<야마토편>에 이 플롯을 사용하고 있습니다. 거기에서는 팔백비구니 전설을 니체의 '영원 회귀'의 이야기로 탈바꿈하여, 아름답고 강하고 신비로운 도구로 사람들을 계속 치유하는 여승_{팔백비구니}의 '영구 루프' 이야기로 완성하였습니다. 실제 팔백비구니 전설에서는 팔백비구니가 인어 고기를 먹고 800세까지 살았다고 하는데, 이 모티브를 '순환하는 원 모양'으로 대체한 것입니다. 그리고 이 순환하는 원은 '젊은 자신이 늙은 자신을 영원히 죽이는' 구조로 성립합니다.

《네오 파우스트》나 《불새》 <야마토편>은 '젊은 자신'이 '늙어버린 자신'을 말살하고, 그것이 순환한다는 점이 공통적입니다. 창조력이 넘치는 천재 데즈카 오사무가 소재 부족으로 '똑같은 소재'를 사용한다고는 도저히 생각할 수 없지요. 그래서 추측하자면, 앞에서 말한 강연록에서 '신과 천사'가 아닌 '악마와 지옥'에 매력을 느낀다고 말하는 데즈카는 어딘지 모르게 악마적인 '영원한 반복'의 사생관에 강하게 집착하고 있었던 것은 아닐까요?

데즈카 오사무는 파우스트였다?

니체의 영원 회귀에 손을 댄 데즈카의 독자성은, 늙은 자신을 젊은 자신이 구축한다는 구조로 고리를 완성하고 있습니다. 이러한 착상은 니체에게는 없는 것이었지요.

여기서부터는 어디까지나 저의 추리입니다만, 데즈카는 죽음으로써 자신의 재능을 잃는 것을 두려워하였으며, 육체나 기억은 잃어도 재능이나 영혼은 어떠한 형태로 남아 영원한 창작의 굴레 속에서 만화를 계속 그리고 싶다는 희망을 품고 있었던 것은 아닐까요. 남들이 보면 영원히 만화를 계속 그리는 것이 지옥처럼 느껴지겠지만, 데즈카 본인은 극락왕생보다 악마적인 열의로 계속 만화를 그릴 수 있기를 강력하게 바랐던 것은 아닐까요? 그야말로 메피스토펠레스

Mephistopheles에 홀린 파우스트입니다. 니체가 이상으로 삼았던 '뛰노는 아이', '창조성', '영원 회귀'. 그것을 체현한 창작자가 바로 데즈카 오사무였다고 생각합니다.

원작 《파우스트》에서 악마가 노래하는 사생관은 다음과 같습니다.

> 영원한 창조가 무슨 소용이란 말인가.
> 창조한 것을 모두 무無에 빠뜨리다니.
> 지나간 것에 무슨 의미가 있단 말인가.
> 그렇다면 아예 없었던 것이나 마찬가지 아닌가.
> 그런데도 무엇이 있는 것처럼 빙빙 돌고 있으니.
> 나는 차라리 영원한 허무가 더 좋구나.
>
> 《파우스트 제2부》, 괴테

'무엇이 있는 것처럼 빙빙 돌고 있다'라니!? 괴테의 《파우스트》에는, 무려 니체보다 앞서 악마조차도 탄식하는, 허무보다 더 무서운 인간 세계의 공허함으로 '영원 회귀'가 등장하고 있는 것입니다! 니체는, 영원 회귀를 《차라투스트라는 이렇게 말했다》라는 이야기로 만들어내었지만 실제로 어떤 기법으로 인생이 반복되는지는 그리고 있지 않습니다. 주인공이 영원 회귀를 '알아차리는 것'까지는 묘사하고 있어도, 그것을 어떻게 성립시킬지에 대한 아이디어는 빠져 있는 것입니다. 그것을 데즈카 오사무는 젊은 자신이 늙어버린 자신을 말살한다는 천재적인 아이디어로 이야기화한 것입니다.

영화 <샤이닝>의 영원 회귀

데즈카 오사무 외에도 '이야기'로 영원 회귀의 순환을 성립시킨 인물이 영화감독 스탠리 큐브릭입니다. 그는 영화 <샤이닝> 1980에서 스티븐 킹의 원작 소설 《샤이닝》의 이야기플롯를 크게 각색하여 주인공 잭이 과거로 환생하는 영원 회귀의 고리를 완성하였습니다.

윤회환생와 영원 회귀같은 삶을 영원히 다시 시작한다는 본래 다른 것이지만, 주인공이 '과거'로 환생한다면 그 뒤틀림에 의해 영원 회귀는 가능해집니다.

현대에 사는 주인공 잭은 1921년의 망령들에게 홀려 폭력을 저지르고 자살하는데, 그는 바로 1921년 세계의 인물로 환생합니다. 마지막 장면의 단체 사진 주인공과 똑같은 얼굴의 남자가 중앙에 찍혀 있는 흑백 사진이 그 증거입니다. 시계열이 이상하다고 생각할지도 모르지만, 여기에서 '윤회'에 대한 편견을 벗겨 보면 그 수수께끼가 풀립니다. 다시 태어나는 것을 '미래에 환생한다'라고 가정하면 이 순환 고리를 이해하기 어렵지만, '과거로 환생한다'라는 시간의 뒤틀림을 가정하면 이렇게 됩니다. 현대에 살아가는 주인공이 자신의 업을 끌어안은 채 자살한다 → 1921년에 환생한다 → 1921년의 주인공의 업보가 망령이 되어 그 자리에 머무른다 → 그 망령이 현대에 살아가는 주인공을 끌어당겨 사건을 일으켜 자살한다 → 또다시 1921년에 환생한다……라는 순환하는 고리를 상상하면 이것이 영원 회귀의 완성입니다.

큐브릭은 영화 <2001: 스페이스 오디세이>에서도 니체의 영원 회귀를 성립시키고 있습니다. 그 원동력은 수수께끼의 검은 비석 '모노리스'입니다. 그리고 우주의 저편에 '일시적 플랫폼'을 설정하고, 거기에서 일단 노인이 된 주인공을 태아 상태로 되돌려 지구로 돌려보냄으로써 영원 회귀를 성립시킵니다. 게다가 주제곡으로 리하르트 슈트라우스의 교양시 <차라투스트라는 이렇게 말한다>를 사용하고 있습니다.

또한 미국 드라마 <트윈 픽스> 감독 데이비드 린치에서도 《차라투스트라는 이렇게 말했다》의 키워드가 형상화되어 있는 것을 곳곳에서 발견할 수 있는데, 이야기의 구조가 여러 갈래로 나뉘면서도 순환 구조를 이루고 있습니다. 이 작품도 그 계보로서 좋을 것입니다.

데즈카 오사무와 스탠리 큐브릭, 그리고 데이비드 린치는, 니체가 떠올렸지만 이루지 못한 아이디어 '영원 회귀' 구조의 작품화에 성공한 창작자라고 할 수 있습니다.

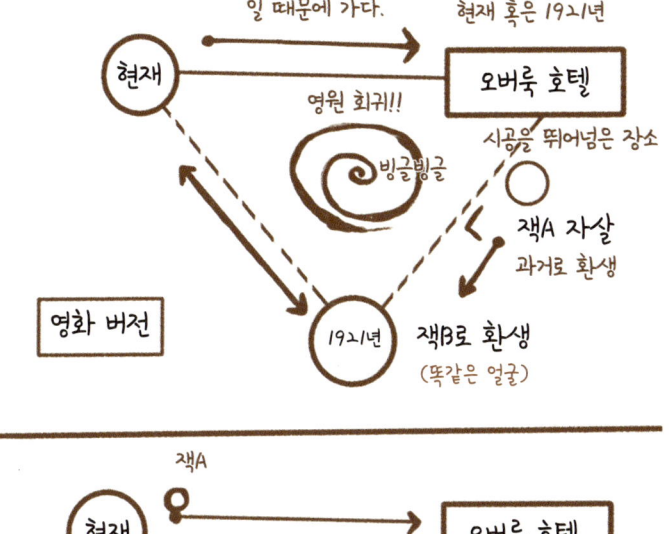

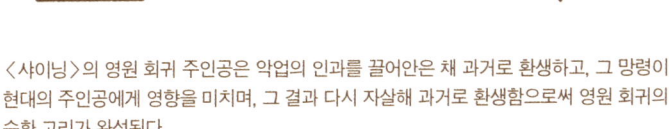

〈샤이닝〉의 영원 회귀 주인공은 악업의 인과를 끌어안은 채 과거로 환생하고, 그 망령이 현대의 주인공에게 영향을 미치며, 그 결과 다시 자살해 과거로 환생함으로써 영원 회귀의 순환 고리가 완성된다.

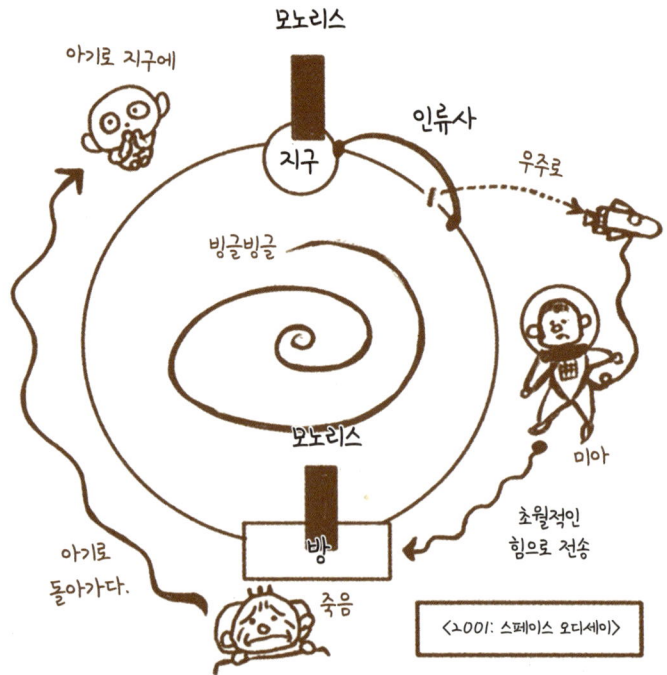

〈2001: 스페이스 오디세이〉의 영원 회귀

《블랙 잭》의 사생관

데즈카가 인간의 생사에 소름 끼칠 정도로 열정을 가지고 그려낸 것은 '의료' 분야였습니다.

당연히 《블랙 잭》 시리즈입니다. 옴니버스 형식으로 매번 다른 주제를 그린 이 만화의 사생관도 어느 정도 패턴화할 수 있습니다.

《블랙 잭》은 '무면허 천재 의사인 블랙 잭이 온 힘을 다해 환자에 대처한 결과, 환자는 완쾌되어도 결국 다른 질병이나 교통사고, 사형 등 전혀 다른 이유로 죽고 마는' 패턴을 매번 답습하고 있습니다.

직선적인 스토리라인은 '의사가 최선을 다했고, 환자는 살아났고, 그대로 축하하는' 흐름이며, 보통의 만화가라면 그렇게 마무리를 지을 것입니다.

하지만 데즈카는, 환자가 완쾌되자마자 전혀 인과관계가 없는 갑작스러운 죽음이 그 환자에게 찾아오고, 그것이 죽음의 원인이 되어 무자비하게 덮어씌워지는 이야기의 패턴을 주로 그렸습니다. 그리고 그는 블랙 잭의 입을 빌려 '의사가 환자에게 최선을 다하는 것'과 '환자의 생사와 운명이 결정되어 버리는 것'은 다른 차원의 사건이라고 거듭 메시지를 보내고 있습니다.

이 사생관은 철학자 사르트르가 조명한 '우연한 죽음', 즉 '인과 없는 죽음의 가능성'과 이어지는 부분이 있습니다. 또한 석가모니가 설파했던 죽음의 절대성과도 공통점이 있습니다.

데즈카 오사무는 만화가라는 직업으로 활동했지만, 사실 니체와 사르트르의 계보를 잇는 철학자라고 할 수 있지 않을까요?

만화《붓다》의 석가모니 사상에 데즈카 오사무의 독자적인 해석을 덧붙이자면, 그는 특이한 불교사상가이며 철학적으로는 의학적 관점에 선 실존주의자라고 할 수 있습니다.

9장

'저승'에 대한 이미지,
겐신의 《왕생요집》

vs

기독교적 타계관,
단테의 《신곡》

겐신

源信, 942~1017

헤이안 시대^{794~1185}의 승려. 주요 저서로 《왕생요집^{往生要集}》이 있다. 호넨^{1133~1212}, 신란^{1173~1263} 등에게 큰 영향을 주었다.

이번 장에서는 '저승'에 대한 이미지를 철학적으로 고찰해 보려고 합니다.

철학의 세계에 마침표를 찍은 비트겐슈타인, 생사에 관해 사람들을 인도하면서도 사후 세계에 대해서는 '무기無記, 답변을 회피'한 석가모니, 그리고 죽은 자의 부활을 선언한 그리스도. 그리스도교에는, 예언자 요한이 계시록을 추가한 덕분에 '저승'이 구체적으로 명시되어 있습니다. 이외의 종교에서 그린 사후 세계는, 이집트와 티베트의 《사자의 서》, 헤이안 시대의 승려 겐신의 《왕생요집》, 단테의 《신곡》 순서로 성립합니다.

《왕생요집》은 석가모니 이후 시대에 성립된 경전에서 극락왕생과 그를 위해 필요한 염불에 관한 서술을 인용하여 정리한 작품입니다. 저는, 일본인이 흔히 '극락'이나 '지옥'을 떠올릴 때 그 바탕이 되는 '소재'가 《왕생요집》이라고 생각합니다.

오늘날 일본에서 많은 사람이 '장례식이나 법사에 스님을 모시고, 스님이 어떤 경이든 읽어만 주시면 고인은 성불할 것'이라고 생각할 것입니다. 자신의 종파 교리는 차치하고, 각 종파가 제시하는 '저승' 등에 대해 전혀 모르는 경우도 많습니다. 그럴 때 '저승'에 대한 이미지의 재료가 되는 것은 역시 《왕생요집》이라고 할 수 있습니다. 실제로 학생들에게 '저승에 대한 이미지'를 그림으로 그려보게 하면 최근 만화나 영화, 드라마 등의 영향도 상당히 엿보이는데, 본래 그것들은 《왕생요집》을 원작으로 하고 있습니다.

뮤지컬 형식의
<염리예토>

《왕생요집》은 분량이 상당히 많은데, 어디부터 읽는 것이 좋을까요? 저는 <염리예토厭離穢土>와 <흔구정토欣求淨土> 장이라고 생각합니다.

먼저 제1장에 해당하는 '대문 제1'인 <염리예토> 장은, 말 그대로 '지옥 카탈로그'의 모습을 띠고 있는데, 지은 죄에 따라 사후에 가는 지옥의 번지수 등이 매우 세세하게 정해져 있습니다. 이 지옥 카탈로그 중에서도 '아마도 이것이 일반적으로 유포되는 지옥에 대한 이미지 중 하나일 것'이라는 묘사가 '여덟. 아비지옥'에 등장합니다. 흥미로운 점은, 여기에서는 '죄인이 한탄하는 시'와 '귀신이 한탄하는 시'가 대조를 이루며 오페라 혹은 뮤지컬과 같은 구성을 하고 있다는 점입니다. 아니, 뮤지컬보다 힙합 문화의 프리스타일 랩에 더 가깝다고 볼 수 있겠네요.

죄인의 시

'모든 것이 불길에 휩싸이고 하늘 가득 빈틈이 없다.

사방팔방 하늘도 땅도 모두 새빨갛게 타오르고 있다.

땅은 조금의 여지도 없이 악인들만 가득 차 있다.

몸을 기댈 곳도 찾지 못하고, 의지할 자는 아무도 없다.

어둠 속을 홀로 불길을 향해 들어간다.

허공을 바라보았지만 해도 달도 별도 나지 않았다.'

귀신의 시

'영겁의 시간 동안 맹렬한 불길이 너를 태울 것이다.

악에 물든 죄인이여, 이제 와서 후회한들 무슨 소용 있으리.

신이 내리는 벌도 아니며, 용신이나 악귀의 탓도 아니다.

네 죄에 묶이게 될 것이다. 그러니 그 누구도 너를 구원할 수 없다.

마치 큰 바다에서 손으로 물을 한 움큼 퍼 올리는 것과 같으니,

지금의 고통은 한 움큼의 물과 같으며, 나중의 고통은 마치 대해와 같다.

《왕생요집》

이 대화에서는 '신이 사람을 심판한다'라는 그리스도교의 개념을 찾아볼 수 없습니다. 생전의 '자신의 죄'가 인과가 되어 지옥으로 떨어지는 것이지요. 귀신은 죄인을 괴롭히려는 것이 아니라 어디까지나 '제삼자'로서 죄인을 바라보고 있는 것이며, 이는 장대한 '훈계'이자 '윤리적 우화'이며 '교훈'으로도 읽을 수 있습니다. '그런 짓을 하면 이렇게 된다, 그러니 살아 있는 동안 선하게 살아가라'라는 가르침을 모든 수단을 동원해 전하고 있는 것일지도 모릅니다.

극락조차 수행의 장
- 흔구정토

제2장인 '대문 제2' <흔구정토>극락을 바라는 것 장에서는, 완전히 내용을 바꾸어 극락에서 상황이 얼마나 순조롭게 진행되는지 설명하고 있습니다. 극락에는 발목을 잡는 사람이 없는 것이지요.

하지만 그곳이 최종 목적지가 아니며, 잘 읽어 보면 극락 또한 '수행의 연장선상'에 있다는 것을 알 수 있습니다. 그 점이 천국에 들어가는 것을 목표로 하는 그리스도교와 크게 다르다고 할 수 있습니다.

불교의 극락과 그리스도교의 천국은 이미지가 비슷하지만, 장소의 의미는 다릅니다. 불교에서 '극락'이라는 불국토佛國土, 부처가 있는 나라는 이른바 '성불을 목표하기 좋은 환경의 학교'와 같습니다.

극락정토 이미지의 바탕이 되는 《아미타경阿彌陀經》은 1세기에서 2세기 사이의 인도에서 성립되었기 때문에, 그 외관이 화려하고 이국적으로 묘사되어 있습니다. 《왕생요집》은 이《아미타경》도 인용하고 있기에 극락정토라는 세계의 장식적인 부분에 마음을 빼앗기기 쉽지만, 거기에서 한 걸음 물러나 그러한 이세계가 현세와 별개로 설파된 이유에 주목하고자 합니다.

> 극락세계의 사람들은 많은 인연因緣에 힘입어 끝까지 물러서지 않고 깨달음을 향해 힘차게 나아간다. 그 인연이란, 첫째, 아미타불阿彌陀佛 본원의 힘이 항상 중생을 지탱해 주기 때문이다. 둘째, 아미타불의 빛이 항상 중생을 비추어 보리심菩提心을 지원하기 때문이다. 셋째, 물의 흐름이나

새의 지저귐, 바람에 흔들리는 나무나 종소리 등이 항상 중생에게 불·법·승의 삼보를 염불하는 마음을 일으키게 하기 때문이다. 넷째, 극락의 여러 보살만을 선한 친구로 삼아, 외부로부터 악연이 미치지 않고 마음속에는 무거운 번뇌가 일어나지 않게 되기 때문이다. 다섯째, 부처님과 같은 영겁의 생명을 얻었기에 죽음으로 인해 불도 수행이 중단되지 않기 때문이다.

《왕생요집》

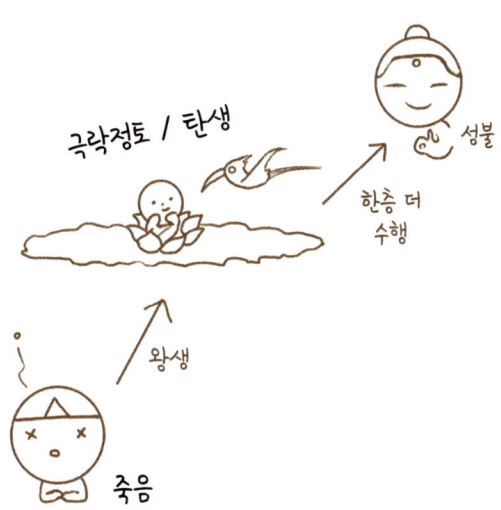

현세, 즉 우리가 살고 있는 세상에서는 '깨달음'의 세계를 추구해도 '번뇌'와 '방해자'에 발목을 잡혀 쉽게 성공하지 못합니다. 번뇌와 방해자는 불교 세계에만 국한되어 있지 않고 현실 사회에서도 따라다니며, 대개 일이 망하는 원인은 이 두 가지로 귀결된다고 생각합니다.

그러나 극락에 왕생하면, 그 모든 방해가 일절 사라질 뿐만 아니라 아미타의 강력한 지원까지 받을 수 있다는 생각이 '극락'의 기본 개념입니다. 슈퍼마리오 게임에 비유하자면, 보너스 단계로 넘어간 뒤, 심지어 적이 없는 면으로 나아가 게임을 끝낼 수 있다는 이미지입니다.

그러나 이 극락에 대한 묘사 역시 윤리적인 우화로 읽을 수 있습니다. 예를 들어 회사나 학교에서 '지옥 같은 인간관계'가 발생하는 경우가 종종 있는데, '그런 것들이 없다면 모든 것이 좋은 방향으로 나아가기 쉽다. 물의 흐름이나 새의 지저귐을 느끼는 생동감 넘치는 감성을 잃지 말자. 부처님의 도움을 믿자. 그러면 좋은 세계로 갈 수 있다'라는 암시로도 읽을 수 있습니다. 혹은 뜻대로 되지 않는 현세에서는 성취할 수 없는 일이라도, 극락에만 가면 그곳에 연장전이 있으니 포기하지 말라는, 이른바 응원가로도 해석할 수 있지요.

《왕생요집》과
《신곡》을 비교하다

불교학자 나카무라 하지메의 독특함은 《왕생요집》을 단테의 《신곡》과 비교한다는 점에 있습니다. 둘의 공통점을 '웅대한 구상', '환상마저 풍부한 종교적 작품'이라고 분석하고 있는데, 가장 흥미로운 고찰은 그와는 별개로 존재합니다. 나카무라는 그리스도교의 '연옥'이 불교의 '지옥'과 유사하다고 지적하고 있습니다. 일본 불교에서는 지옥에 떨어져도 공양이나 부처의 자비, 자신의 죄에 대한 속죄 등 다양한 구제 조치가 있기 때문에, 그리스도교의 '지옥'처럼 '이렇게 되면 더 이상 구원받을 수 없는' 상태는 아닙니다. 그러나 그리스도교에서 사후 정화를 위한 중간 지대인 '연옥'은 불교의 '지옥'과 유사하며, 두 가지 모두 '생전의 잘못을 다시 개선할 수 있는' 장소로 여겨집니다.

연옥이란 무엇인가?

지옥에 비해 '연옥'이 이해하기 어려운 이유는 종파에 따라 관점이 달라 딱 잘라 '이것'이라고 정의하기 어렵기 때문입니다. 오래된 그리스도교의 개념인 연옥은 원래 '정화'를 어원으로 하는 '정화를 위한 세계'를 의미하는데, 한편으로는 성경에 언급이 거의 없으며, 그렇다고 성경 표현 속에 그 근거가 전혀 없는 것도 아닌, 다시 말해 성립 경위와 교리적으로도 '회색 지대의 개념'이라고 할 수 있습니다.

연옥은 서브컬처에서 종종 소재가 되는 한편, 종교인이 연옥을 언급하는 경우는 거의 없습니다. 저는 중학교부터 대학원까지 16년 동안 가톨릭 학교에 다녔지만, 종교 과목을 담당한 신부님께 연옥 이야기를 단 한 번도 들은 적이 없습니다. 다만 완전히 부정하고 있는 것은 아닌 듯하며, 또 한편으로 보면 합리주의적이고 교회보다 성경을 중시하는 개신교인들은 연옥 자체를 부정하는 경향이 있는 것 같습니다.

연옥이란, 참으로 이도 저도 아닌 존재라고 할 수 있겠네요.

단테 알리기에리

Dante Alighieri, 1265~1321

이탈리아의 시인. 서사시 《신곡》을 저술했다.
정치가로서의 면모도 있어,
한 번은 지방 지도자^{통령}로 뽑힌 적도 있으나 공금 횡령죄 등
온갖 죄를 뒤집어쓰고 방랑의 나날을 보냈다.

천국으로 향하는
단테의 여정

단테의 주요 저서 《신곡》은 <지옥편>, <연옥편>, <천국편>으로 이루어져 있는데, 여기에서는 <연옥편>을 다뤄보도록 하겠습니다.

《신곡》은 실존했던 어린 나이의 미소녀 베아트리체에게 바치기 위해 쓰였으며, 현실과 공상이 뒤섞인 서사시로서 세상에 나왔습니다. 단테 자신이 베아트리체가 있는 천국으로 향하기까지의 지옥, 연옥이라는 여정을 그린 종교시의 정취도 있습니다. 단테의 왕성한 종교 비판과 실재하는 교황이 지옥에 떨어진다는 블랙 유머를 곳곳에서 볼 수 있는, 약간

코미디 요소가 있는 서사시입니다. 이야기는 '사후 세계의 모험을 통해 주인공단테이 성장해, 천국에서 동경하는 여성과 재회'하는 이해하기 쉬운 내용입니다.

플라톤도 등장하는
<연옥편>

<연옥편>에는 플라톤의 이름이 등장한다는 점이 매우 놀랍습니다. 단테가 생각하는 '저승'에서 철학자는 '천국에 부름을 받지 않은' 존재입니다. 계속해서 <연옥편>에서 인용한 내용을 살펴보겠습니다. 주인공을 이끄는 '선생님'이라고 불리는 인물이 이렇게 이야기합니다.

> 삼위일체의 신이 관장하는 무한한 길을
> 인간의 이성으로 감당할 수
> 있기를 바라는 자는 미치광이로다.
> 인간에게는 분수가 있다, '무언가'라는 것 이상은 묻지 않

는다.
만약 너희가 모든 것을 안다고 한다면,
마리아가 그리스도를 낳으실 필요는 없었다.
이미 보지 않았는가, 그러한 허망함을 안고,
그것이 충족되지 못한 채로
영겁의 괴로움을 겪고 있는 사람들,
이름을 말하자면 아리스토텔레스나 플라톤,
그 외 많은 사람이 그렇다.

《신곡》〈연옥편〉

사생관을 철학적으로 생각하려는 이 책의 시도 역시, 단테가 보면 '지옥행이나 연옥행'이 될 수도 있으리라고 생각합니다. 어쨌든 단테가 제멋대로 실존 인물을 지옥·연옥·천국에 배치하는 것처럼 보이지만, 실제로는 동급생이었던 대주교에게 문제가 될 만한 부분을 하나하나 상담하였다고 합니다. 상상한 대로 아름다운 문학 작품을 창작하는 동시에, 그것이 세상으로부터 불경하다고 규탄 받지 않도록 신중하게 확인 작업을 게을리하지 않던 단테는, 단순한 문학 청년이 아니었던 것 같습니다.

연옥을 철학적으로 생각하다

단테가 상상한 연옥은 그렇게 나쁜 장소는 아니었던 것 같습니다. 단테가 그리는 연옥은 작은 섬인데, 그곳에는 '맑은 대기'가 그저 좋고, '갈대'가 자라고 있습니다. 갈대는 종교적인 메타포로서 중요한 아이템이며, 겸양의 상징입니다. 동방에는 찬란한 빛이 보이고 별이 빛나고 천사가 찾아오기도 한다고 말합니다. 바위가 깎아지른 듯 우뚝 솟은 산이 있는데, 그 산을 오르면 오를수록 고통이 줄어든다고 합니다.

이러한 '설정'을 어떻게 읽을 것인가에 대해 다양하게 해석할 수 있지만, '연옥'을 이 세계의 희화로 읽는 것이 철학적 읽기라고 생각합니다.

예를 들어 연옥의 섬에는 '죄를 씻으려는 사람이 기도하며 고행으로 순교하고 있다'라고 되어 있는데, 이는 우리의 모습과 비슷한 부분이 있습니다. 사실 우리 인간은 어디에서 오고 어디로 가는지 전혀 알지 못합니다.

연옥의 산을 우리의 정신적 활동의 장소에 비유하면 괴로워하면서 올라가면 올라갈수록 괴로움이 사라진다는 것도 수긍할 수 있고, 우리가 살고 있는 세계에도 단테의 연옥에 묘사된 것처럼 신의 심부름꾼과 같은 인물이 드물게 나타납니다. 예수 그리스도가 그 전형이지요. 또 다수의 기적이나 우연의 일치가 일어나며 우리에게 중요한 '힌트'를 줍니다. 그러나 기적을 믿지 않거나 기적을 일으키는 자를 박해하기 일쑤였고, 역사는 그런 일을 반복해 왔습니다.

우리는 때때로 거룩할 정도로 아름다운 광경을 '실제 풍경'으로 보기도 하고, 초현실주의 화가처럼 내면세계로 보기도 합니다. 한편으로 사람은 무언가 꿈이나 목적을 향해 돌진하기도 합니다. 산을 오르는 도중에 고난을 만나고 좌절이 있으며, 다양한 광경을 보게 되지요. 바로 우리가 사는 이 세계도 연옥의 풍경과 비슷한 부분이 많은 것입니다.

어쩌면 우리는 '이 세상'에 있다고 믿고 있지만 실제로는 '연옥'에 있는 것은 아닐지, 《신곡》을 읽으며 그런 번뜩임이 머릿속을 스쳤습니다. 혹은 이 세계는 마음의 상태에 따라 지옥도, 연옥도, 천국도 될 수 있고, 그 마음의 상태는 그대로 죽은 후에도 이어진다고 생각해도 좋을지도 모릅니다. 마음먹기에 따라 똑같은 풍경이라도 빛나 보이기도 하고, 반대로 지옥처럼 보이는 경우는 자주 있으니까요.

연옥의 불과
정토사상의 불

《신곡》의 연옥에는 출구가 있는데, 그 출구 끝에 천국이 있습니다. 연옥의 출구는 '불꽃' 너머에 있고, 주인공은 '불길을 건너지' 않으면 그곳에 도착할 수 없습니다. 연옥에 이르는 길까지는 지혜와 재주, 즉 이성으로 통할 수 있지만, 그 너머는 '이론이 통하지 않는 세계'입니다. 이성으로 세계를 파악하려는 철학적 세계를 지옥이나 연옥으로 그리고, 그것들을 초월한 세계로서 아름다운 천국을 그려 마치 물고기를 몰아넣는 듯한 수법으로 독자를 신앙의 세계로 이끄는 이야기를 구성하고 있습니다.

우리는 맹렬한 불을 뚫고 마침내 언덕 아래 입구로 나왔다.
'오라, 내 아버지에게 은혜를 입은 자여.'
거기에 빛나는 정광 속에서 목소리가 울려 퍼졌다.

눈이 부셔 쳐다볼 수 없는 빛이었다.

중략

영원한 겁화와 한때의 겁화를,

아들아, 너는 보았다.

그리고 네가 도착한 이 땅은 더 이상 내 힘으로 분별할 수 없는 곳이다.

나는 너를 지혜와 재능으로 여기까지 데리고 왔지만,

이제부터는 너의 기쁨을 선도하는 것이 좋다.

너는 이미 험하고 좁은 길 밖으로 나온 것이다.

《신곡》〈연옥편〉

이 천국과 연옥의 경계에 있는 '맹렬한 불'을 보고, 저는 일본 승려 겐신의 《왕생요집往生要集》이 떠올랐습니다. 《왕생요집》의 지옥에서도 불꽃은 중요한 아이템입니다. 두 불꽃의 성질을 비교하면, 《신곡》 속 연옥의 불꽃은 정화의 작용이 있고, 《왕생요집》 속 지옥의 불꽃은 '스스로의 죄가 일으킨 불'입니다.

지옥의 소리만 들어도 그렇게 떨리는데,

마침내 지옥에서 불에 타면 마른 풀처럼 잘 타오른다.

지옥의 불길이 타는 것이 아니라 내 죄가 일으킨 불이다.

다른 불은 꺼질 수 있어도 내 죄의 불은 끌 수 없다.

《왕생요집》

귀신은 죄인을 불길 속에 던져 넣을 뿐, 화염방사기를 쏘거나 용처럼 불을 내뿜지 않습니다. 화염의 불씨는 죄인 스스로에게 있기 때문에 연옥의 불과 정토사상의 불은 비슷하면서도 그 성격이 다릅니다. 정토사상에서 '불'은 자신이 저지른 죄의 형상화인 것입니다.

현대시나 드라마에서도 인용되는 '불'

미국의 모더니즘 문학에서도 종교적인 '불'이 인용되고 있습니다. 틀림없이 단테의 연옥에서 인용했다고 생각했는데, 뜻밖에도 불교에서 유래했다는 이야기를 듣고 놀란 적이 있습니다. 20세기 모더니즘

시의 금자탑으로 여겨지는 T.S.엘리엇Thomas Stearns Eliot, 1888~1965의 시 <황무지>의 '불의 설교'에는 '불이 탄다 탄다 탄다 탄다'라는 행이 있는데, 이것은 연옥의 불이 아니라 석가모니의 설교를 가리키고 있습니다. 엘리엇은 헨리 워렌Henry Clarke Warren의 《번역 불교 경전》을 읽고 사람이 이탈해야 할 정념의 불을 시로 읊은 셈입니다.

반면 엘리엇은 직장인회사원을 단테의 지옥에 사는 주민에 비유하고 있습니다. 엘리엇이 마음에 그리는 지옥이란, 단테와 불경의 절충이자 현대인의 내면에 있는 지옥으로서 불경에 나오는 '불'을 인용한 것이 아닐까 싶습니다.

그리고 이 <황무지>를 인용하고 있는 작품이 미국의 TV 드라마 <트윈 픽스>1990~91년, 2017년입니다. '불'이 가장 중요한 키워드이며, 극중에서 아마도 불경의 '불'이 메타포로 사용된 것으로 보입니다. 시 <황무지>에 계속 등장하는 '앨버트'라는 이름의 인물이 드라마에서도 핵심 인물로 나옵니다.

이렇게 고대의 신화부터 현대의 TV 드라마까지, '저승 이야기'는 인류가 만들어내는 이야기의 단골 소재입니다. 석가모니는 형이상학적인 물음에 '말하지 않았다'고 했지만, 인간은 저승에 관한 이야기를 창작하지 않을 수 없는 것입니다. 그러한 이야기를 세세하게 관찰하면, 이들은 결코 비합리적인 꿈 이야기 등이 아니라 현세에 대한 철학적 고찰이라고 말할 수 있습니다. 그러므로 시대에 맞추어 새로운 이야기가 만화, 애니메이션, 드라마, 영화 등으로 계속 만들어지는 것은 자연스러운 일이라고 할 수 있습니다.

'저승 이야기'에는 실존주의가 숨겨져 있다

《왕생요집》,《신곡》,《황무지》, 그리고 그 외의 서브컬처 작품들. 이들의 공통점은, 동서고금이나 장르와 관계없이, 죽음 이야기처럼 보이는 '저승 이야기'가 사실은 '어떻게 살 것인가'라는 실존주의적 이야기라는 점입니다. 어떻게 하면 연옥에서 벗어날 수 있을지, 지옥에 떨어지지 않기 위해서는 어떻게 해야 할지, 그런 삶의 방식에 대한 가르침으로서 보편적 가치를 띠고 있습니다. 이쯤

되면 우리 인간이 어느 시대나 이야기를 추구하는 이유가 있는 것 같습니다.

예를 들어 1980년 일본에서 출간되어 여전히 스테디셀러인 그림책 《지옥地獄》미야 쓰기오 감수, 후토샤도 그에 해당한다고 생각합니다. 이 책은 1784년 에도시대의 화가가 그린 지옥 그림을 디자이너가 재구성한 책으로, 무려 13만 부 이상 판매된 이례적인 베스트셀러입니다.

그림책에는 '삶아지는 지옥', '끓는 물 지옥', '화형 지옥', '바늘 지옥', '불차 지옥', '용의 입 지옥', '삼도천 강가'의 지옥이 등장합니다. 이 그림책은 유아 교육에 활용되는데, 죽음을 접할 기회가 극단적으로 줄어든 아이에게 사후 세계의 이미지를 심어주거나, 옳고 그름을 구별하지 못하는 아이들에게 '이렇게 나쁜 짓을 하면 이런 지옥에 떨어질 거야!'라는 교육적 요소가 있는 듯합니다. 이 그림책의 에필로그에는 이렇게 적혀 있습니다.

요즘 아이들은 가족의 단위가 변하고 의료 수준이 높아져 조부모나 형제자매 등 가까운 사람의 죽음에 마주할 기회가 거의 사라졌습니다. 어제 죽었던 극중 배우가 오늘 다른 배역으로 출연하는 TV를 보고, 아이들은 죽음을 어떻게 받아들일 수 있을까요. 게다가 '과학적으로 대상을 보자'라는 교육은 '죽음의 무서움'에 대해 거의 이야기하지 않습니다.

(그림책 《지옥》)

확실히 현대의 아이들은 죽음이 TV 드라마나 소설 속 사건이라고 여기기 쉽습니다. 장례식에 참석할 기회도 적을뿐더러 조부모님도 시설이나 병원에서 돌아가시는 경우가 많고 가까운 사람들이 질병으로 고통받는 것을 볼 기회가 드물기 때문입니다. 문제는 아이들이 '죽음은 돌이킬 수 없다'라고 논리적으로 깨닫기도 전에 스스로 목숨을 끊어버리는 것입니다.

물론 당사자밖에 모르는 사정은 있겠지요. 그러나 직접적인 원인 이외에 '죽음에 관한 불충분한 교육'에도 원인이 있다고 생각합니다. 어른들이 철학적 관점 혹은 종교적 접근을 통해 아이들이 죽음에 대해 생각할 기회를 마련하는 것, 그것이 시급히 필요하다고 생각합니다.

시대를 너무 앞서 태어난, 중세 철학자 브루노

이번 장에서 다루는 '저승 이야기'에 대한 접근은 철학적 주제이기는 해도, '실제로 죽으면 어떻게 되는지'와 같은 과학적 검증과는 다른 차원의 이야기이기도 합니다.

그렇다면 과학적 접근법으로는 어떤 시사점을 얻을 수 있을까요? 물리학자 스티븐 호킹Stephen William Hawking, 1942~2018 등은 평행 우주의 존재 가능성을 시사하고 있습니다. 다원적 평행 우주의 존재가 과학적으로 증명된다면, 종교와 과학의 영역은 어떤 측면에서 이어질 수도 있겠지요.

의외로 현대의 과학적인 평행 우주론이 시작되기 훨씬 전인 중세 시대에 이미 그것을 직관하고 사상 체계를 구축하기 위해 시행착오를 겪었던 천재 철학자가 존재합니다. 바로 조르다노 브루노입니다. 그의 사상은 너무 시대를 앞서 나갔습니다. 현대에도 증명하기 어렵다고 여겨지는 평행 우주의 존재를, 중세 시대에 확신했던 철학자가 있었다는 사실만으로도 대단히 놀랍지 않나요?

브루노는 당시 이단으로 배척되어 화형을 당하고 말았습니다.

다음 장에서는, 오래되었지만 굉장히 신선한 브루노의 사상에 관해 이야기해 봅시다.

죽음이란 무엇인지 생각해 볼 때가 되었다

10장

'동시에 우주관과 강하게
결부된 사생관' 중세 철학자
브루노

vs

현대 물리학자
세이건

조르다노 브루노

Giordano Bruno, 1548~1600

이탈리아의 철학자이자 도미니코회 수도사.
사상이 이단이라고 여겨져 재판에 넘겨진 후,
화형을 당했다.

지구가 탄생한 지 46억 년, 생명이 탄생한 지 40억 년. 지구에서 생명의 탄생은 비생물의 유기물이 모였다는 설과 우주에서 날아왔다는 설이 유력하지만, 두 가지 모두 가설일 뿐입니다. 하물며 인간의 죽음이나 사후 세계의 수수께끼가 쉽게 풀릴 리도 없습니다.

그래도 지금까지의 고찰을 통해 철학이나 종교학 등의 관점에서 죽음을 어떻게 바라보고 있는지 어느 정도 윤곽이 잡혀가고 있다고 생각합니다. 하지만 과학적 관점과 종교적 관점을 모두 겸비한 사상가는 그렇게 많지 않습니다. 종교인이면서 과학적 정신을 지녔던 브루노나 니콜라우스 쿠자누스 Nicolaus Cusanus, 천문학자 칼 세이건 Carl Edward Sagan 등이지요. 굳이 말하자면 이 세 사람이 과학과 종교를 연결시킬 수 있지 않았나 생각이 듭니다. 이번 장에서는 이 세 사람에 대해 알아보도록 하겠습니다.

깊이 연결된 우주관과 인간의 사생관

우주가 어떤 구조로 되어 있는지를 묻는 '우주론'과 그 안에서 사는 인간의 '사생관'에는 밀접한 관계가 있다고 생각합니다. 태어난 지역을 한 번도 벗어난 적 없는 사람의 시야의 한계가 '산'이라면, 죽은 후에 '산 너머로 간다'라는 생각은 지극히 자연스러운 일입니다. 바닷가 마을을 떠난 적이 없다면 '바다의 끝'을 사후 세계로 보는 것도 자연스러운 일이지요.

브루노도 '끝'에 대해 생각했습니다. 다만 산도 아니고, 바다도 아닌 우주의 끝을 생각하였습니다. 과거 문헌에서 영감을 받은 그는, 우주의 끝은 문자 그대로 '끝없는 것'임을 직관하고, 평행 우주까지를 포함하는 무한히 펼쳐진 우주의 신비를 '신' 자체라고 생각했습니다.

오늘날에는 물리학부터 천문학, 나아가 SF영화까지 다양한 장르에서 평행 우주나 다원 우주론 우주는 우리가 존재하는 우주뿐만이 아니라 복수 존재한다고 믿는 가설을 이야기하게 되었지만, 그보다 훨씬 옛날인 르네상스 시대에 이미 그런 우주론과 사생관을 연결시킨 인물이 바로 조르다노 브루노입니다.

그는 뒤에 설명하는 쿠자누스의 우주 만물설과 코페르니쿠스의 지동설을 도입하여, 무한한 우주에서 무수한 세계 태양계의 존재와 그것들의 생성 소멸을 주장했습니다.

한마디로 평행 우주나 다원 우주에 대한 다양한 해석이 있는데, 브루노는 어딘가에 '우리가 살고 있는 세계와 같은 세계'가 있다고 생각하였습니다. 무한한 우주 안에는 저와 여러분 같은 존재가 또 있고, 어딘가에서 똑같은 일을 하고 있을지도 모른다는 엉뚱한 세계관이지만, 그는 그것을 믿고 있었습니다.

하지만 우주는 '없다'라고 단언할 수 없을 정도로 아직 수수께끼투성이입니다. 현재로서는 블랙홀 너머에 무엇이 있는지 관측할 수 없으며, 여분 차원 Extra dimensions이나 끈 이론 String Theory의 수수께끼도 아직 풀리지 않았습니다. 그러므로 브루노가 그리고 있던 세계관은 최신 과학으로도 부정할 수 없는 세계관입니다. 르네상스 시기라고는 하지만, 아직 그리스도교의 지배가 강한 당시의 세계에서 이러한 자기 의견을 주장하면 어떻게 될까요?

결론부터 말하자면 브루노는 이단으로 몰려 화형을 당하게 됩니다.

이 책에서도 지금까지 그리스도교 사생관을 반복해서 설명해 왔지만, 말할 필요도 없이 그들과 평행 우주의 존재는 정반대에 있습니다. 그러나 브루노는 그 나름의 독자적인 이론으로 그리스도교 신앙과 다원 우주의 존재를 적절하게 재구성하려고 하였습니다.

게다가 여기에는 사생관까지 중첩되어 있었기 때문에 브루노는 죽음 직전까지도 전혀 동요하지 않았습니다. 또 그는 오늘날 연구 중인 양자론과도 꽤 유사한 설을 제창하고 있으며, 물질의 극소 단위로서 '불멸의 단자'의 존재를 주창하였습니다. 그의 사상은 극소의 세계에서도, 천문학극대의 세계에서도 현대를 앞서 나갔다고 말할 수 있을 것입니다.

브루노가 말하는 '불멸의 단자'란 형이상학적인 개념이므로, 여기에서는 물리학적인 시점에서 그에 상응한다고 여겨지는 것을 찾아보도록 합시다.

과학과 종교와 철학의 만남
- 로저 펜로즈

종교인의 시선에서 물리학적인 이론을 설파한 브루노와 반대로, 물리학자의 시선에서 종교와 철학을 말하는 인물이 있습니다. 철학과 종교와 물리학을 연결한 인물, 현대 물리학자 로저 펜로즈입니다.

펜로즈는 양자역학적 운동이 인간의 뇌 안에서도 펼쳐지고 있다고 주장하였습니다. 양자란, 간단히 말해 매우 작은 물질이나 에너지를 말하며 원자, 전자·중성자·양자를 포함합니다. '양자론의 아버지'라고 불리는 독일 물리학자 막

로저 펜로즈(Roger Penrose, 1931~)
영국 출생의 수리 물리학자. 옥스퍼드대학교 명예교수.

스 플랑크Max Karl Ernst Ludwig Planck, 1858~1947에 의해 발견된 아주 작은 물질입니다.

펜로즈는 모든 사건을 양자 수준까지 파고들어 고찰한다면, '의식'과 같은 관념적인 존재도 물리적으로 해명할 수 있다고 생각하였습니다. 그는 의식을 개인적이고 대역大域적인 것이라고 생각하였는데, 여기에서 대역적이란 '넓은 범위에 걸쳐'라는 의미입니다.

> 나는 의식이 왠지 대역적인 것이라는 생각이 든다. 따라서 의식의 원인이 되는 어떤 물리 과정은 틀림없이 본질적으로 대역적인 성질을 지니고 있을 것이다. 양자적 간섭은 확실히 이런 요구 사항을 충족한다.
>
> 《우주 양자 마음The Large, the Small and the Human Mind》

펜로즈의 가설을 믿든 믿지 않든 간에, 만약 정말로 '양자적인 것'이 뇌의 움직임을 지배하고 있다면? 이 경우 뇌는 사고의 생산소가 아니라, 정밀한 수신기와 같다고 할 수 있습니다. 이른바 '어쩐지 불길한 예감'이나 육감, 텔레파시 등도 융의 심리학과는 다른 발상으로 설명할 수 있습니다. 어쩌면 인간이 죽은 뒤 육체에서 영혼 등이 이동해 가는 모습을 양자 수준으로 설명할 수 있는 가능성이 있을지도 모릅니다.

이런 이야기는 자칫 과학과 오컬트의 경계선을 넘나들게 되므로 그다지 깊게 파고들고 싶지는 않습니다. 양자론은 가설로 가득하며, 비전공자가 무심코 건드리면 화상을 입을 것만 같은 분야이기도 합니다. 실제로 양자론과 심령론 spiritualism을 섞어 자기 계발과 결부시킨 기묘한 속설이 난무하고 있는 오늘날의 상황도 문제라고 할 수 있겠지요.

그렇지만 양자론을 단순히 오락적으로 즐긴다면, 가설투성이의 현상을 일단 '재미있다고 느낄' 수는 있습니다. 다시 말해 '신비'나 '저승 이야기'를 과학과 연결하여 이야기한 영상 작품 등을 철학적 고찰의 소재로 즐기는 길은 가능하다는 것입니다. 예를 들어 양자론과 철학적 사생관을 섞어 이야기로 만드는 데 처음 성공한 것이 일본의 어드벤처 게임 <실버 사건 25구>2005년, 그래스호퍼 매뉴팩처 개발입니다. '현세', '죽은 자의 세계'에 양자론을 중첩시킨 이 게임은, 과거의 어느 철학자도 생각하지 못했던 독특한 사생관을 제시하고 있습니다.

경탄할 만한 선각자
브루노의 연구관

다시 브루노로 돌아갑시다. 조르다노 브루노는 양자와 같은 '아주 작은 존재'에서도 '신의 그림자'를 읽어내는 감수성을 갖춘 인물이었습니다. 너무 일찍 등장한 천재는 어느 시대나 으레 심한 박해를 받기 마련인데, 앞서 설명한 것처럼 브루노 또한 화형을 당하고 맙니다. 그의 사상은 지금 읽어도 참신한 놀라움으로 가득 차 있습니다.

> 신은 전 세계에 두루 편재하고, 그 각각의 부분 안에서 무한하고 전적으로 존재하고 있기 때문입니다.
>
> 《무한자와 우주와 세계 On the Infinite Universe and Worlds》

'범신론'을 체계적으로 정리해 세상에 알린 인물이 네덜란드 철학자 스피노자 Spinoza, 1632~1677인데, 브루노는 그보다 앞서고 있습니다. '범신론'이란 신이 세계에 두루 존재한다는 이론으로, 간략히 말하자면 이 세계=자연=신으로 보는 세계관입니다.

> 우주의 원리신는 통일적이며 무차별적으로 존재합니다.
>
> 《원인과 원리와 일자 Concerning the Cause, Principle, and One》

> 세계는 무수히 존재하며, 이 우주의 다양한 영역에 우리가 살고 있는 이 세계, 이 공간, 이 영역이 그렇게 생각되고, 그렇게 존재하며, 그렇게 존재한다고 생각해야 합니다.
>
> 《무한자와 우주와 세계》

브루노는 우주 전체에서도, 아주 작은 것에서도 초월자의 존재를 느끼고 있었습니다. 그 우주관은 불교적 우주관과 비슷한 일면이 있습니다. 예를 들어 불교에서 '삼천세계'와 같은 우주관과 브루노가 주장하는 우주의 지도에는 공통점이 있습니다. 브루노가 만약 불교도였다면 적어도 화형에 처하지는 않았을지도 모릅니다.

죽음의 공포를 극복한 브루노

브루노의 저서 《영웅적 광기 De gli eroici furori》에는 그의 사생관이 그려져 있습니다. 그의 사상에서는 '신'이 곧 '우주'이기 때문에, 그 안에서 일어나는 죽음에도 동요하지 않는다고 말합니다. 그는 그것을 딱딱하게 격식 차린 형식이 아니라 우화로 그렸습니다.

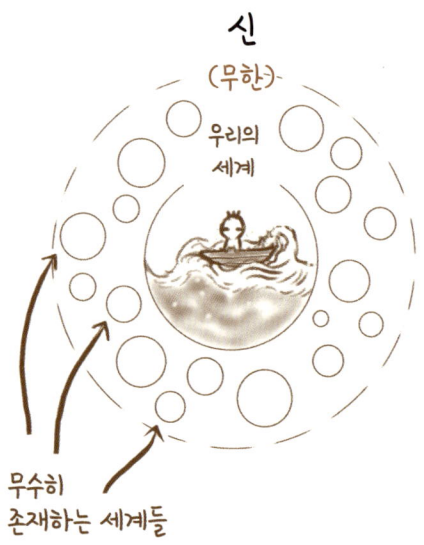

브루노의 우주 = 사생관 '사나운 적에게 노를 넘겨주어라. 걱정하지 말고 죽음을 기다려라.'

342　　죽음이란 무엇인지 생각해 볼 때가 되었다

배신자의 불길한 파도에

그대의 뱃머리는 위아래로 크게 흔들리고 있다.

영혼도 번거로운 걱정에 휩싸여 부풀어 오르고, 기울어진 조류에 속수무책으로 당할 수밖에 없다.

그대의 사나운 적에게 노를 넘겨주어라.

걱정하지 말고 죽음을 기다려라.

죽음을 보지 않을 수 있도록 눈을 감아라.

《영웅적 광기》

브루노는 아무래도 '죽음에 대한 공포'를 정말 극복하고 있었던 것 같습니다. 그는 화형을 당할 때도 어떠한 미동도 없이 재판관을 향해 '당신이 더 두려워하고 있다'라고 쏘아붙였다고 합니다. 그런 흔들림 없는 태도는 분명 그의 범신론적이고 다원적인 우주관에서 오는 것일 테지요. 또 브루노는 희극 각본도 직접 쓰는 다재다능한 인물이었습니다. 희극 <양초쟁이Candelaio> 마지막 장면의 대사는 마치 그의 유언과도 같습니다.

나는 비극의 주인공 역할을 끝내고 손도, 지갑도, 옷도 아닌 '마음과 정신으로 환호'하지만, 여러분은 '지금까지 더 좋은 운명에 이끌려' 우리들의 지긋지긋하고 성가신 사건의 쾌활하고 행복한 관객이니, 더욱 '건강하시옵소서. 박수를 보내 주시옵소서.'

〈〈양초쟁이〉〉

브루노의 인생관이란, 범신론적인 우주의 내부에서 일어난 희극이자 비극이며, 그 안에서 브루노라는 역할을 맡았던 것뿐이라고 할 수 있습니다.

그러나 그런 세련된 표현을 할 수 있는 창작자이자 철학자였던 브루노가 화형이라는 최후를 맞이한 것은 정말로 유감입니다. 그는 너무 일찍 태어난 천재임이 분명합니다.

브루노의 우주관은 독창적인가?

브루노로 인해 다양한 평행 우주를 포함한 장대한 우주관과 사생관의 관련성을 찾을 수 있었지만, 이러한 브루노의 사상이 완전히 독창적이었냐고 물으면, 사실 그렇지 않습니다. 브루노의 우주관은 쿠자누스라는 사상가로부터 영감을 받았습니다. 이는 브루노 자신도 공언하고 있습니다.

쿠자누스의 저서 《박학한 무지 De Docta Ignorantia》를 읽어 보면, 브루노의 우주관은 많은 부분을 쿠자누스에게 빚지고 있음을 알 수 있습니다. 쿠자누스의 우주관을 보여주는 문장을 살펴보도록 합시다.

> '절대적 최대자 그 자체인 신은 빛이다'라는 말은 '신은 최대한의 빛인 동시에 최소한의 빛이다'라는 말이다.
>
> 《박학한 무지》

'신은 최대한의 빛인 동시에 최소한의 빛'이라는 문장은 어떤 의미일까요? 마치 수수께끼처럼 들릴지도 모르겠지만, 몇 센티미터라든지 몇 킬로그램이라든지, 인간이 편의적으로 마련한 척도를 뛰어넘어 모든 것이 신이라는 것이 그의 세계관이자 우주관입니다.

여기서부터는 저의 추측이지만, 그는 '소립자'의 존재를 직관했을 가능성도 있습니다. 이번 장에서도 다른 물리학자 펜로즈가 가설을 세운 소립자 모양은 회전하는 소립자가 짝을 이뤄 빠른 속도로 도는 도넛 같은 빛의 폭발물이라고 알려져 있습니다. 만약 그것을 최소 단위라고 한다면, 쿠자누스의 직관최대한의 빛이자 최소한의 빛이다은 바로 그러한 구조물에 대한 묘사이며, 쿠자누스의 '절대적 단순성 속에 만물을 포괄한다'라는 표현도 그에 해당합니다.

죽음은 존재 방식의 변용
- 쿠자누스

쿠자누스는 죽음을 '어떤 특정한 존재 양태가 소실했다'라고 생각했습니다. 다시 말해 지금까지 육체를 가지고 지상에 존재하고 있었다는 형태가 종료되고, 다른 존재가 되었다고 생각한 것입니다.

죽음이란 복합체가 그 성분으로 분해되는 것 외에는 아무 것도 아닌 것 같지만, 이런 분해가 단지 지구에 거주하는 사람에게만 일어나는 일인지 도대체 누가 알 수 있을까.

……(중략)

플라톤주의자들이 말하는 것처럼 형상만이 원형, 즉 우주의 영혼으로 돌아가고 질료는 가능성으로 돌아간다 해도, 이 두 가지의 결합을 시행하는 영혼은 별의 운동 속에 머무르는 것인지, 도대체 누가 잘 알 수 있겠는가.

《박학한 무지》

쿠자누스는 1437년 동서양 교회의 통일을 협의하기 위해 페라라 공회의에 갔을 때 신플라톤주의 철학을 접했다고 합니다. 여기에서의 '플라톤학파'는 넓은 의미의 플라톤학파 플라톤의 사상을 체계화한 여러 학파라기보다, 특히 신플라톤학파 3세기 무렵 말할 수 없는 일자로부터 세계가 흘러나

니콜라우스 쿠자누스(Nicolaus Cusanus, 1401~1464)
독일의 신비 사상가. 1430년에 사제로 서품을 받았다. 1448년 추기경으로 임명되었으며, 말년에는 로마에 머물며 많은 철학적 저서를 저술했다.

오고 있다고 생각하여, 인간은 '나'로부터 빠져나옴으로써 다시 일자에 합일해야 한다는 사상를 가리키고 있습니다.

인용문에 나오는 '형상'을 이해하기 어려울 텐데, 이는 이데아_{감각을 넘은 진정한 실재}를 분유하는_{나누어 가는} 것을 가리킵니다.

그래도 이해하기 쉽지 않으니, 다음의 일러스트를 살펴봅시다.

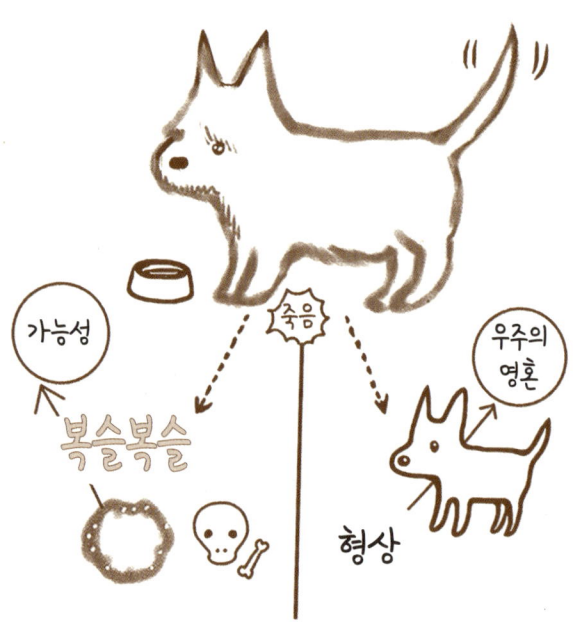

신플라톤주의의 사생관

예를 들어 복슬복슬한 털을 가진 개가 있다고 합니다. 그것은 '개의 이데아'를 분유_{나누어 주어진 이데아를 가지고 있다는 소유의 방법}하여 그것을 지키고 있다고 할 수 있습니다.

그 이데아가 복슬복슬한 털 뭉치나 기타 소재와 결합함으로써 기르는 개로 눈앞에 나타나는 것이 '살아간다'라는 것입니다. 그리고 기르는 개가 죽었을 때 소재_{복슬복슬}는 흙으로 돌아가지만, 형태를 만들고 있던 본질적인 이데아의 형상_{개의 진정한 실재, 개의 이데아}은 다시 우주의 신비한 존재로 돌아간다는 생각이 신플라톤주의의 사생관입니다.

쿠자누스는 이 신플라톤학파의 사후 관념을 어느 정도 의식하면서도, 죽음에 관한 결론에는 결정 원고를 내지 않고, 보류하고 있습니다.

보류라고 표현하긴 했지만, 쿠자누스의 사후 관념은 그의 작품 속에서 살짝 엿볼 수 있습니다. 바로 '그리스도의 모습에서 만물의 완성을 본 후, 신앙을 통해 절대적 최대자로 돌아간다'입니다. 초월적이고 신비로운 '일자_신'와, '나'를 벗어나 그에 합일한다는 생각이 신플라톤주의라고 한다면, 그 중간 지점에 그리스도의 존재를 둔 것이 쿠자누스의 독자적인 사생관입니다.

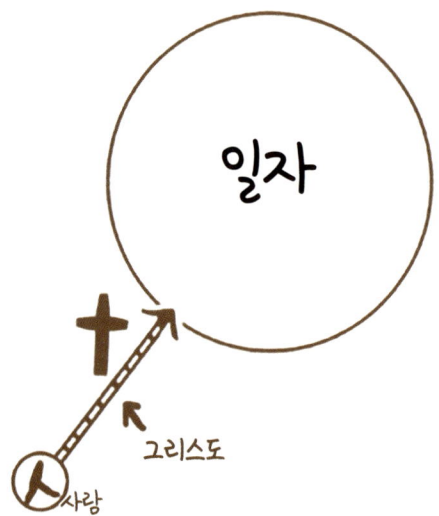

쿠자누스의 독자적인 사생관. 신플라톤주의와의 큰 차이점은 '신앙을 통해서'라는 점.

칼 세이건

Carl Edward Sagan, 1934~1996)

미국의 천문학자이자 작가. 코넬대학교 교수.
NASA의 태양계 탐사 계획에 지도적인 역할을 한 인물.
조디 포스터 Jodie Foster 주연의 영화 <콘택트>의
원작 소설 저자이기도 하다.

천문학에 사생관을 통합한 세이건

'신은 최대한의 빛인 동시에 최소한의 빛이다'라고 제창한 쿠자누스. '세계는 무수히 존재한다'라고 주장한 브루노. 그들의 사상은 현대의 과학자 칼 세이건에게도 계승되고 있습니다.

세이건의 저서 《코스모스 Cosmos: A Personal Voyage》는 1980년 작품이기에 오늘날의 천문학적 논의로 통용되지 않는 부분도 있겠지만, 그 우주관과 사생관은 지금도 일독할 가치가 있습니다. 그의 아이디어는 극소의 존재 안에 우주에 해당하는 것이 존재한다는 것인데, 세이건은 이 우주관과 연동하여 전혀 새로운 사생관을 인류에게 제시하고 있습니다.

> 기묘하지만 잊어버릴 수 없는 번뜩이는 아이디어가 하나 있다. 그것은 과학과 종교를 통틀어 매우 훌륭한 아이디어 중 하나다. 이 아이디어는 전혀 검증되지 않았으며, 미래에도 증명되지 않을지도 모른다. 그러나 그것은 우리의 피를 끓게 한다.
> 그 아이디어에 따르면 우주에는 무한한 계층이 있다. 그리고 우리 우주에 있는 전자와 같은 소립자는, 만약 안을 볼 수 있다면 그 나름의 닫힌 완전한 우주임을 알게 될 것이다. 그 안에는 은하나 더 작은 천체에 해당하는 것이 포함되어 있다.
>
> 《코스모스》

세이건은 이 아이디어를 '무한계층론'이라고 이름을 붙였습니다.

우리 인간을 상징하는 가장 작은 단위 안에 '닫힌 우주'가 내장되어 있다? 그럴 수 있을 리 없다고 생각하는 것도 당연합니다. 그러나 오늘날 누구나 알고 있는 '지구는 둥글다'라는 설이 부정되었던 시대도 있었으니, 언젠가 이 기묘한 마트료시카와 같은 우주론도 밝혀질 날이 오지 않을까요? 세이건은 '우리가 잘 알고 있는 은하나 항성, 행성, 인간 등이 존재하는 우주는 다음 단계의 더 큰 우주 속 하나의 소립자에 불과하다'라고 서술하고 있습니다.

다시 말해 우리 인간도 시점을 바꾸면 우주라는 신체의 세포 속에서 꿈틀거리는 미토콘드리아와 같은 존재가 되는 것입니다.

인간은 우주의 세포 중 하나이며, 그 우주도 한층 더 상위 계층의 우주 세포 중 하나……라고 생각해 나간다면, 최종적으로 그것들을 포괄하는 존재는 무엇일까요? 초월자? 신? 부처? 생각이 닿는 곳은 역시 신비의 영역이 될 것 같습니다.

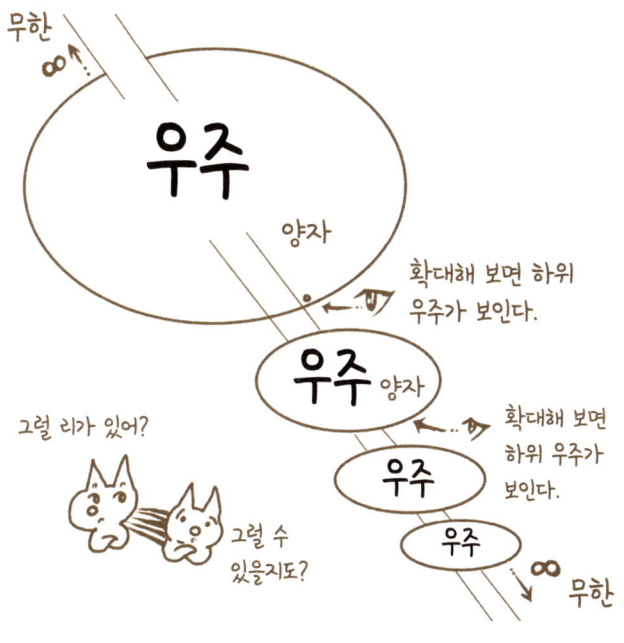

세이건의 무한계층론

세이건의 인간관

이러한 우주론을 전개한 세이건의 '인간관' 또한 독자적입니다. 그는 인간의 DNA를 '약 10억 개의 뉴클레오타이드DNA의 구성단위의 가로막대가 늘어선 사다리'로 보았습니다. 게다가 그동안의 DNA 조합의 모든 패턴이 다 밝혀졌는지를 수학적으로 생각하였습니다. 세이건은 인간의 DNA 배열도 그 자체가 소우주와 같으며, 모든 패턴은 아직 다 밝혀지지 않았다고 주장했습니다.

> 핵산을 유익하게 이어 붙이는 방법은 놀라울 정도로 많다. 아마 그 수는 우주 속 전자나 양성자의 총 개수보다 훨씬 많을 것이다. 따라서 DNA의 지시에 따라 만들어질 수 있는 각각 다른 인간의 총수는, 이미 지구상에 살았던 인구의 수보다 훨씬 많다.
>
> 《코스모스》

세이건의 가치관에서 보면, '나'라는 인간도 과거의 무수한 인간의 유전자 조합으로 형성되어 있으며, 그것이 우연히 '나'가 되어 있다는 의미가 됩니다. 즉 인간이라는 특정한 실체가 있다기보다는 무수한 유전자가 어떠한 인연으로 조합되어 '나'라는 형태가 되었을 뿐입니다.

우주가 오래 살기 위해
인간은 죽어야만 하는가?

세이건의 우주관과 인간관을 바탕으로, 저는 이렇게 생각했습니다.

세이건의 말처럼 만약 우리가 살고 있는 우주도 같은 상위 계층의 단순한 하나의 세포와 같다면, '또 하나의 상위 계층인 우주'의 신진대사 때문에 우리는 '죽어야 할 시스템'에 편입되어 있는 셈입니다. 여기에 '죽음'의 필연성이 있다고도 볼 수 있겠지요. 만약 사람이 죽지 않으면 지구는 정체 상황에 빠지고, 마치 묵은 각질이 쌓이듯 새롭게 태어날 차세대 '생명'을 저해하고 말 것이기 때문입니다. 물론 지구도 죽을 운명입니다. 심지어 그 상위에 있는 우주 역시 마찬가지입니다.

안타깝게도 우리 인간은 우주나 별처럼 죽는 주기가 길지 않습니다. 인간은 '우주에서 꿈틀거리는 작은 세포'에 불과합니다. 하지만 우리 몸속에는 더 작은 우주가 도사리고 있으며, 그 소우주에서 태어나는 인간의 '의식'은 대우주의 무한성을 느낄 수 있습니다. 극소의 존재가 무한을 포괄할 수 있는 힘을 가지는, 이 재미있는 시스템을 내포하는 존재가 바로 인간인 것입니다.

그러나 여전히 의문은 남습니다. 누가 무엇 때문에 이런 아찔한 시스템을 구축했을까요? 우연히 생겼다고는 하지만, 너무 잘 만들어지지 않았나요? 여기에서 초월자와 같은 '무언가'를 떠올릴 수밖에 없습니다. 우리는 그 '무언가'의 존재를 느끼거나 믿기도 하고, 때로는 의심하기도 하면서 피할 수 없는 '죽음'과 타협하며 오늘을 살아야 하는 것입니다.